KB120126

다이아몬드 마인드셋

다이아몬드 마인드셋
다이아몬드보다 더 중요한 마인드셋의 힘

초 판 1쇄 2024년 09월 10일

지은이 클레오부트라
펴낸이 류종렬

펴낸곳 미다스북스
본부장 임종익
편집장 이다경, 김가영
디자인 윤가희, 임인영
책임진행 이예나, 김요섭, 안채원

등록 2001년 3월 21일 제2001-000040호
주소 서울시 마포구 양화로 133 서교타워 711호
전화 02 322-7802~3
팩스 02 6007-1845
블로그 http://blog.naver.com/midasbooks
전자주소 midasbooks@hanmail.net
페이스북 https://www.facebook.com/midasbooks425
인스타그램 https://www.instagram.com/midasbooks

ⓒ 클레오부트라, 미다스북스 2024, *Printed in Korea.*

ISBN 979-11-6910-782-2 03190

값 17,000원

미다스북스는 다음세대에게 필요한 지혜와 교양을 생각합니다.

다이아몬드 마인드셋

다이아몬드보다 더 중요한 마인드셋의 힘

클레오부트라 지음

미다스북스

성공하는 사람들은 따로 정해져 있는 것일까? 이 질문에 대한 답변을 찾기 위해 오랜 시간을 헤맸다. 대부분의 자기 계발서는 '누구나 할 수 있다.', '당신도 할 수 있다.'라는 메시지를 던진다. 이에 대한 반대의 목소리도 존재한다. 성공에 이르는 사람은 소수뿐이며 그들을 따라 한다고 반드시 성공하는 것은 아니라는 주장이다. 이 주제에 대한 의견은 여전히 뜨겁게 갈린다.

이 문제에는 정답이 없다. 두 의견 모두 맞는 부분이 있다. 그리고 나는 그간의 경험적 데이터와 나의 신념 및 가치관을 바탕으로 해서 나만의 정답을 찾았다. 성공하는 사람들은 정해지는 것이 아니다. 성공하는 사람들은 '정한다.' 스스로 그 삶을 선택한다는 말이다. 그들은 수많은 '안 될 이유'를 뒤로하고 '자신이 원하는 삶'에 집중한다. 그리고 그 삶을 살기로 선택한다. 성공은 선택의 문제인 것이다.

나는 이 사실을 깨닫고 성공하는 삶을 살기로 선택했다. 사람마다 '성공'의 정의는 다르다. 나에게 성공이란 일과 가정, 영적인 측면에서 나의 역량을 압도적으로 쌓아가는 것이다. 나는 성공을 선택한 뒤, 나의 성공 가능성을 높이기 위해 부단히 노력했다. 처음에는 어떻게 해야 내가 원하는 삶을 살 수 있을지를 고민했다. 그러나 아무리 고민해봐도 당장에 내가 처한 현실에서 눈에 보이는 성과를 만들어내기가 어려웠다.

당시 나는 교사였고, 직장을 다니면서 만족할 만한 부수입을 얻기는 어려웠다. 부동산을 공부해서 소액 갭 투자를 했지만 결국 3천만 원가량 손해를 봤고, 주식 투자로도 천만 원가량이 묶여버렸다. 블로그 수익, 인스타 수익, 유튜브 수익을 얻기 위해 콘텐츠를 만들어보기도 했지만, 실질적으로 돈을 벌어다준 것은 없었다. 이때 많은 좌절을 했다. 노력해도 달라지는 게 없는 현실에 공허함, 우울감, 불안함이 밀려왔다. 계속 이렇게 살아도 될까? 나는 이렇게 살기는 싫은데….

지금 돌이켜보면 과거의 나는 치명적인 1가지 실수를 했다. '내가 원하는 삶'이 무엇인지를 몰랐다. 남들이 하도 경제적 자유를 외쳐대기에 나도 경제적 자유를 얻어야겠다는 생각이었다. 그래서 남들이 하는 걸 했다. 재테크를 하고 부업으로 부수입을 만들 생각을 했다. 그러나 내가 정말로 원하는 삶의 모습은 그게 메인이 아니었다. 나는 세상에 '용기'라는 메시지를 전하고 싶었다. 얼어붙은 사람들의 마음에 따뜻한 촛불이 되어주고 싶었다. 이 사실을 깨닫자, 내가 가야 할 방향이 보였다.

성공하기로 선택했다면, 자신의 성공 가능성을 높여야 한다. 그러기 위해서 가장 먼저 해야 할 과제는 '나 자신에 대해 아는 것'이다. 자기 계발은 결국 나 자신을 알아가는 과정이다. 나의 과거, 현재, 미래에 집중해야 한다. 그러면 자신의 강점, 결점, 사명, 비전을 찾을 수 있다. 나에 대해 깊이 이해하는 것은 다이아몬드보다 빛나는 행운이다. '나'에 대해 탐구하면서 성공 가능성을 높여가는 방법이 바로 '다이아몬드 마인드셋'이다. 다이아몬드 마인드셋은 수백 권의 자기 계발 서적을 독파하고 성공한 사업가들과 실패한 사업가들의 사례를 분석하면서 정리한 나만의 마인드셋 방법론이다. 다이아몬드 마인드셋에서 제시하는 5가지 법칙을 준수하고 역량을 키워가야 한다. 그렇게 임계점에 도달하면 분명 눈에 보이는 변화가 나타난다.

가장 중요한 것은 역시나 실천이다. 같은 책을 읽어도 실제로 실천하는 사람은 1% 미만이다. 그러나 이 책을 읽는 당신은 다르기를 바란다. 정말로 실천하기를 바란다. 그래서 굉장히 구체적인 가이드라인을 준비했다. 이 책에는 총 20개의 '액션'이 등장한다. 반드시 액션을 실천하라.

이 책은 모든 꿈꾸는 여성을 위한 책이다. 더 나은 내일을 위해 부단히 노력하는 당신을 위한 책이다. 이 책을 다 읽은 뒤 당신은 자신이 진정으로 원하는 것이 무엇인지 알게 된다. 그리고 자신의 선택에 확신을 가지게 될 것이다. 생각과 행동에 오류가 줄어들고 메타 인지능력과 의사 결정 능력이 향상된다. 따라서 실행력과 추진력도 올라가게 된다. 생각이 바뀌면 행동이 바뀌고, 행동이 바뀌면 인생이 바뀐다. 당신의 인생을 바꿀 작은 생각이 이곳에서 시작되기를 간절히 바라고 또 응원한다.

Contents

2부
결국 성공하는 여자들의 5가지 법칙
– 다이아몬드 마인드

3부
무의식 정화

1부

여자를 위한
성공 마인드가
필요한 이유

여자와 남자의 차이는 딱 1가지. 신체가 다르다. 여자는 생명을 직접 낳을 수 있는 몸이고 남자는 그렇지 않다. 그러나 이 기능에서 많은 차이가 발생하게 된다. 여성은 원시시대부터 아이를 낳고 기르는 역할을 해야 했기 때문에 예측할 수 있고 안전한 것을 좋아하는 성향이 발달하게 되었다. 그래야만 나의 아이를 지킬 수 있었기 때문이다.

2009년 파올로 사피엔자 교수와 동료들이 수행한 연구에서는 여성이 일반적으로 남성보다 위험 회피가 더 높은 것으로 나타났다. 특히 재정적 의사 결정 및 진로에 있어서 안정 지향적인 선택을 했다. 예를 들어, MBA 학생 중 훨씬 적은 비율의 여학생들이 위험성이 높은 금융 직업을 선택했다.

이 동물적인 본능은 안타깝게도 지금까지 이어지고 있다. 물론 모두가 그렇다고 단정할 수는 없으나, 그간 수많은 임상 데이터를 바탕으로 했을 때 확실한 건 대부분의 여성은 남성보다 안정 지향성이 강하다는 것이다. 이것을 강점으로 활용할 수 있는 방안들도 많다. 그러나 대부분의 여성은 이 안정 지향성을 약점으로 생각하며 살아가고 있다.

'과연 내가 될까?', '나 같은 사람이 뭘 할 수 있겠어?' 하는 생각들과 함께 시간을 저당 잡히는 것이다. 이러한 이유로 여성들을 위한 성공 마인드가 필요하다고 생각했다. 여성들이 가지고 있는 심리적 장벽을 제거하기 위해서는 일반적으로 시중에 널린 자기 계발서에 쓰인 내용만으로는 부족하다. 정말로 오직 여성을 위한 이야기가 필요하다.

그간 수백 명의 여성들과 상담을 하면서 이들을 도전으로부터 멀어지게 하는 요인은 무엇인지, 그리고 도전을 결심하게 만드는 요인이 무엇인지 깨닫게 되었다. 결국, 자신을 도전에서 멀어지게 하는 것은 나 자신이다. 내가 나의 가장 큰 방해물이 되는 것이다. 대부분은 과거의 나와 화해하지 못해 벌어지는 일들이 많다.

너무나도 슬프지 않은가.
내가 나의 가장 큰 방해물이 된다는 사실이 말이다.

'너는 안 될 거야.'

'나 같은 게 무슨….'

'원래 늘 그래왔으니까….'

'실패하는 게 두려워.'

'그러다가 망하면 어떻게 해.'

이런 생각들이 늘 발목을 붙잡는다. 그리고 실행으로부터 멀어지게 한다.

도대체 왜 그럴까? 분석하고 또 분석했다. 가장 큰 표면적인 원인은 '두려워서'이다. 실패가 두렵거나, 손실이 두렵거나. 그리고 보통 실패와 손실에 대한 두려움은 어린 시절에 형성된다. 대부분의 사람은 돈에 저마다의 감정을 묻히고 살아간다. 누구는 편안함을, 누구는 불안함을 묻히고 살아간다. 여기에는 부모가 어떤 생각을 지속적으로 심어주느냐에 따라서 돈에 묻히는 감정이 달라진다.

대부분의 우리나라 사람은 돈에 대한 불안함을 가지고 살아간다. 언제 없어질지 몰라 늘 아껴야 하고, 항상 실패에 대한 대비를 해야 하는 것이다. 그러므로 실패에 대한 두려움은 사실 돈과 관련이 깊다.

그리고 두 번째로 영향을 미치는 요인은 인정 욕구 또는 애정 욕구이다. 나는 이 인정, 애정 욕구야말로 사람을 움직이게 하는 결정적 요인이라고 생각한다. 하지만 동시에 사람의 행동을 멈춰버리는 요인이기도 하다. '내가 이렇게 하면 사람들이 안 좋아할 것 같아.'와 같은 생각들 때문이다. 누군가에게 미움받을까 두려운 마음이 행동에 제약을 거는 것이다.

나도 크게 다르지 않았다. 나는 늘 성공에 대한 열망이 있었다. 어려서부터 더 많은 돈, 더 많은 권력, 가능하면 명예까지도 누리고 가지고 싶었던 것 같다. 더 많은 사람에게 사랑받고 싶고, 인정받고 싶었다. 부모님의 기대에 차는 딸이 되고 싶었고, 그렇게 교직의 길을 선택했다.

교사가 되었지만 내가 원하는 삶은 교직에 없었다. 나는 여전히 성공을 원했고, 오병이어라는 비전을 이루고 싶었다. 내가 원했던 성공은 명예만으로는 이룰 수 없었다. 시간적 자유와 경제적 자유, 하고 싶은 일을 할 자유를 누리고 싶었다. 더 많은 사람에게 메시지를 전하는 일을 하고 싶었다. 그래서 교직을 그만두고 나만의 길을 가기 시작했다.

사업을 시작하고 많은 것이 변했다. 더 좋은 환경에서 살게 되었고, 물질적으로 이전보다 여유가 생겼다. 시간적인 자유도 많이 생겨 해외여행도 자주 가게 됐다. 나는 그렇게 성공의 늪에 빠질 뻔했다. 돈이라는 게 벌면 벌수록, '더, 더, 더!'를 원하게 되는 것임을 피부로 느꼈다. 그러나 더더더를 외칠수록 나의 내면과 영혼은 공허함과 불안함, 우울감에 잠식되기도 했다.

지금도 해결하기 어려운 변수들이 종종 생기곤 한다. 교직에 있었을 때 와는 차원이 다른 문제들이 생긴다.(물론 교직에서 생기는 문제들도 만만 치 않은 요즘이기는 하다.) 이렇게 어렵고 힘든 일이 생길 때마다, 이 구간 을 돌파하는 나만의 방법이 있다. 그리 특별하지는 않지만 가장 확실한 방 법이다.

견디는 것이다. 어차피 힘든 일은 피할 수 없다. 그 일이 내게 일어나는 이유는 나에게 어떤 가르침을 주기 위해서, 나를 성장시키기 위해서라는 것을 알아야 한다. 그 사실을 가슴으로 받아들이면서 견뎌야 한다. 견디면 결국 모든 일은 지나가고 해결된다.(이 또한 지나가리라.)

성공은 인스타그램에 전시된 좋은 집과 차, 명품 가방이 아니다. 성공은 매일 넘어지고 다시 일어나면서 한 발씩 앞으로 나아가는 과정이다. 나의 한계를 깨닫고 나의 그릇을 넓히기 위해 견디는 과정이다.

또 성공이란, '내가 원하는 모습, 목표, 삶'을 이루는 것이다. 누군가에게 는 그것이 돈일 수도, 가족일 수도, 시간일 수도, 여행일 수도, 아름다움일 수도 있다.

어떤 성공을 바라든지 간에, 내가 스스로 정한 목표를 향해 나아갈 때, 하루하루 성장해 갈 때, 엄청난 만족감과 행복감, 성취감을 느낄 수 있다.

지금의 모습에 이르기까지 수많은 도전과 실패를 했다. 그러면서 성공하는 삶을 살기 위해서 반드시 채워가야 할 5가지 영역이 있다는 것을 깨닫게 되었다.

경제 자본 - 재

신체 자본 - 체

지적 자본 - 지

관계 자본 - 교

심리 자본 - 심

이 5가지 영역을 골고루 잘 채워나갈수록 당신은 더 풍요로운 삶을 살수 있다. 행복을 누리게 되며 다이아몬드 마인드를 완성할 수 있다. 나는 이 5가지 영역에서 오각형을 그리기 위해 숱한 노력을 해왔고, 때로는 좌절을 맛보기도 했다. 여러 시행착오 끝에 5가지 자본을 가장 빠르게 채워가는 방법을 집대성하게 되었다.

나는 오로지 여성의 성공을 위한 이야기를 할 생각이다. 여러 이유가 있지만 가장 큰 이유는, 여성은 내가 가장 도움을 잘 줄 수 있는 사람들이며 나와 주파수가 가장 잘 맞는 사람들이기 때문이다. 실험 결과가 그렇다.

이 땅의 대한민국 여성들이 스스로 행복을 찾아가고, 성공을 향해 나아가 물질적, 정신적인 풍요를 이룰 수 있도록 돕는 것이 나의 사명이요, 목적지이다.

1장

여자는 성공하기 어렵다?

과거의 나는 정말로 그렇게 생각했다. 여자로서 짊어져야 할 것들이 너무나 많다고 느꼈기 때문이다. 이 땅에 태어나서 여자로 살아가는 것이 너무나 힘들다고 생각했다. 거기에는 여러 가지 이유가 있었다.

첫 번째는 거지 같은 유교 사상이다. 그나마 요즘은 많이 사라졌지만 가부장적인 유교 사상들이 나는 너무나도 싫었다. '여자는 일단 예뻐야 해.', '여자가 학벌이 너무 좋으면 또 좀 그래.', '남편보다 많이 벌어오면 안 돼.', '여자는 집에서 살림해야지.' 어려서는 이런 말들이 너무나도 듣기 싫었다.

세상이 '너의 한계는 거기까지야.'라고 말하는 것 같았다. 여자 최고의 직업은 교사이고, 교사는 최고의 신붓감이라는 어른들의 말이 싫었다. 여자는 조신해야 하고, 남편을 받들어야 하고, 집안 살림은 당연히 여자가 해야 한다는 옛 선조의 가르침이 이해가 되지 않았다.

두 번째 이유는 생물학적인 차이 때문이다. 출산과 육아를 선택하는 순간, 신체적으로 감수해야 할 어려움이 생긴다. 출산 이후 남편의 육아 참여도가 아무리 높다고 한들, 아직도 대한민국에서 주 양육자는 대부분 여성이다.

여전히 우리나라에는 여성에게 '엄마의 역할'을 잘 수행할 것을 강요하는 문화가 있다. 남편이 육아를 하나도 안 하고 돈만 열심히 벌어오는 경우와 아내가 육아를 하나도 안 하고 돈만 열심히 벌어오는 경우를 놓고 살펴봤을 때, 대부분의 사람은 후자를 더 비난한다. '엄마가 돼서 애를 잘 키워야지!' 이런 생각이 깊이 존재하는 것이다.

세 번째는 역사적인 이유다. 여성이 남성과 동등한 사람 취급을 받게 된 역사가 이제 100년 정도 되었다. 영국은 1918년, 미국은 1920년, 프랑스는 1944년이 되어서야 여성에게 투표권을 부여했다. 그전까지는 인권 자체가 없었던 거나 마찬가지다.

우리나라도 마찬가지다. 가끔 10년 전 드라마나 영화를 보면 깜짝 놀라곤 한다. 여성 혐오가 담긴 대사나 장면들이 버젓이 등장한다. 그 당시 그 영화를 보면서 그 어떤 문제의식도 갖지 않았던 나 자신이 떠오르며 소름이 돋는다. 음악 가사도 그렇다. 2016년 발매된 트와이스의 〈Cheer Up〉

에는 이런 가사가 나온다. '여자가 쉽게 맘을 주면 안 돼. 그래야 네가 날 더 좋아하게 될 걸.' 지금 들으면 '미친 거 아니야?' 싶지만 그 당시는 전 국민이 좋아하고 따라 부르던 가사였다.

네 번째 이유는 물리적인 힘의 차이에서 오는 범죄 노출 위험성이다. 잔악무도한 연쇄살인 사건들을 보면 피해자는 대부분 여성이다. 우리가 뉴스에서 '답장 안 했다고 여자 친구 살해한 20대 남성'이라는 타이틀은 봤어도 '답장 안 했다고 남자 친구 살해한 20대 여성'이라는 타이틀은 보기가 힘들다. 왜 그럴까? 힘의 차이 때문이다. 성인 남성을 물리적으로 쉽게 제압할 수 있는 성인 여성이 과연 몇 퍼센트나 될까? 이런 강력 범죄가 아니더라도 여성은 크고 작은 위험에 노출되기가 쉽다. 물리적으로 약자이기 때문이다. 그리고 그 점을 악용하려고 하는 인간들이 많다. 실제로 약 70%의 여성이 일생 성희롱, 성추행, 성폭력을 경험한다고 한다.

이러한 이유로 나는 여자로 대한민국에서 살아가기가 참 힘들다고 생각했다. '나는 왜 여자로 태어나서…. 이런 어려움을 겪어야 하지?'라는 생각에 사로잡혀 꽤 오랜 시간을 살아갔다.

Action

여자로 살아가기 힘들다고 생각해본 적이 있나요? 왜 그렇게 생각했는지 적어보
세요.

2장

여전히 뉴스에 나오는 이들은
대부분 남성이다

가끔씩 뉴스를 보는데 정말 놀라운 장면들이 있다. 한 정치인이 지나가고 그의 사방에서 기자들이 막 사진을 찍어대는 장면인데, 하나같이 다 남자다. 정치인도, 정치인의 경호원도, 기자도 전부 남자다. 이런 장면을 쉽게 볼 수 있다. 물론 업종에 따라서 성별 분포가 다르기야 하다. 보통 뷰티 업종, 교육 업종, 서비스 업종에 여성들이 많이 종사하고, 남성들은 건설, 제조, IT, 금융 업종 등에 종사하는 경향이 있다.

그러나 여전히 세상을 움직이는 건 남자들이다. 고위직 정치인, 기업가, 사업가들을 보면 90% 이상이 남자이지 않은가. 혹시나 싶어 짚고 넘어가는데, 나는 남성 혐오주의자가 아니다. 남성들이 가지는 장점이 분명히 있고, 좋은 사회와 가정을 위해서는 남성이 반드시 존재해야 한다. 단지 우리가 살아가고 있는 이 세상의 현실에 관해 이야기할 뿐이다.

정치 보도에서는 대부분 남성이 헤드라인을 장악한다. 보통 남성 정치인이 여성 후보보다 훨씬 더 많은 언론의 관심을 받는다. 여성 미디어 센터(Women's Media Center)의 연구에 따르면 남성은 인쇄물, 인터넷, 텔레비전 및 유선 뉴스 제목의 63% 이상을 차지한다.

비즈니스와 경제 부문도 마찬가지다. 남성 임원과 기업가는 비즈니스 뉴스에 더 자주 등장하는 반면, 여성은 기업 세계에서 차지하는 비중이 증가함에도 불구하고 과소평가된다. 이러한 왜곡된 표현은 대중의 인식에 영향을 미쳐 남성이 사업에서 더 성공적이고 권위적이라는 고정관념을 강화할 수 있다. 보고서에 따르면 2021년 Fortune 500대 기업에서 여성은 CEO 자리의 8%만을 차지했다.

이러한 격차는 남성 운동선수와 스포츠 인물이 주로 보도하는 스포츠에서 더욱 두드러진다. 여성 스포츠는 남성 스포츠에 비해 언론의 관심을 극히 일부만 받는다. 예를 들어, 소녀와 여성 스포츠에 관한 터커 연구 센터(Tucker Center for Research on Girls & Women in Sport)의 연구에 따르면 여성 스포츠는 스포츠 미디어 보도의 10% 미만인 것으로 나타났다. 이러한 가시성 부족은 여성 운동선수의 성취를 감소시킬 뿐만 아니라 스포츠가 주로 남성 영역이라는 개념을 강화한다.

연예계도 크게 다르지 않다. 샌디에이고주립대학교 텔레비전 및 영화계 여성 연구 센터는 2021년 상위 250개 수익 영화에 참여한 감독, 작가, 총괄 프로듀서, 프로듀서, 편집자, 촬영감독 중 여성이 16%만을 차지한다고 밝혔다.

참 암담한 현실이지만, 포기하지 않기를 바란다. 우리가 아직 바꿔나갈 세상이 더 넓다고 해석하자. 나는 더 많은 여성이 물리적이고 사회적인 이유로 자신의 꿈을 포기하지 않기를 바란다. 여성의 선택을 지지하고 존중해주는 사회가 되기를 바란다. 그래서 나는 가장 먼저 내 생각을 바꾸기로 했다.

3장

그럼에도 불구하고
지금이 최적기인 이유

100년 전에 태어났다면 어땠을까? 내가 지금처럼 크롭티를 마음껏 눈치 보지 않고 입고, 내가 내 손으로 배우자를 선택할 자유가 있었을까? 200년 전에 태어났다면? 300년 전에 태어났다면?

우리는 이 시대에 태어난 것을 감사하게 여겨야 한다. 몇백 년 전에 여자로 태어났다면 인권도 없이 남자의 소유물로 살아가야 했을 것이다. 하지만 우리가 살아가고 있는 현재는 어떤가? 내가 마음만 먹으면 나의 꿈을 마음껏 펼칠 수 있는 세상이다.

비록 여전히 여성으로서 짊어져야 할 무게가 있지만 그게 우리의 목숨을 앗아가지는 않는다. 지금이야말로 이 세상에 여자로 태어난 것에 감사함을 느낄 수 있는 시대다. 여자로 태어났기 때문에 할 수 있는 일들이 있다. 또 여자로 태어났기 때문에 누릴 수 있는 행복들이 있다.

지금 당장 우리의 생각을 바꾸자.

'여자는 성공하기 어렵다.' → '여자라서 성공할 수 있다.'

'여자로 살아가는 건 힘들다.' → '여자로 살아가는 것은 재미있다.'

'나는 왜 여자로 태어나서….' → '이 시대에 태어난 것에 감사하다.'

나는 왼쪽의 생각들을 오른쪽의 생각들로 하나씩 수정해 나갔다. 생각
수정과 함께 여자로 태어난 것에 대한 깊은 설움도 해소해 나갔다. 이것은
3부에서 설명할 무의식 정화 작업으로, 성공하는 여자가 되기 위해 반드
시 거쳐야 할 관문이다. 3부에서 더 자세히 소개하겠다.

Action

나를 성공으로부터 가로막는 생각을 적어보세요. 나의 성공에 도움이 되는 생각
으로 바꿔보세요.

4장

여성이여,
지금 바로 시작하라!

우리를 가로막는 장애물들을 일차적으로 해치웠다. '여자라서 안 된다는 생각, 여자라서 어렵다는 생각'을 청소했다. 그럼 이제 무엇을 해야 할까? 우리는 이제부터 5가지 자본을 쌓아나갈 것이다. 성공하는 여자들이 반드시 채워나가는 5가지 영역에서 우리의 능력을 쌓아 올려야 한다. 그러기 위해서 가장 먼저 할 일이 무엇일까?

바로 독서와 실행이다. 독서하고 바로 실행하는 것이다. 그래야만 우리의 능력치가 올라간다. 나는 이걸 액션 독서라고 부른다. 이 책을 읽고 실행할 '거리'를 찾아 바로 실행해야 한다. 가장 쉬운 건 내가 각 챕터의 마지막마다 설계해 둔 액션에서 시키는 대로 하는 것이다. 만약 앞에서 등장한 2개의 액션을 하지 않았다면 지금이라도 돌아가기를 추천한다.

습관은 반복적으로 꾸준히 해야 형성된다. 실행은 습관이다. 머릿속에

'나는 실행하는 사람, 반드시 해내는 사람'이라는 정체성을 형성하려면 습관을 만들어야 한다. 습관을 만들려면 '지금' 하는 수밖에 없다. 그러니 '지금' 시작하라. 내가 제시한 Action이 아니더라도 이 책을 통해 영감을 얻어 '이거 지금 한번 해볼까?' 하는 생각이 드는 것이 있다면, 책을 덮고 바로 실행에 옮기자.

실행하는 자만이 달콤한 열매를 맛보게 된다. 그 과정에서 여러 실패와 좌절이 있을 것이다. 그럴 때마다 아인슈타인이 한 말을 기억하자. '한 번도 실패하지 않은 사람은 단 한 번도 도전한 적이 없는 사람이다.'

 Action

'한 번도 실패하지 않은 사람은 단 한 번도 도전한 적이 없는 사람이다.' 이 문장을 필사하세요.

2부

결국 성공하는 여자들의
5가지 법칙
- 다이아몬드 마인드

성공하고 싶었다. 돈도 많이 벌고 싶었고 시간을 자유롭게 쓰고 싶었다. 다른 사람들에게 용기를 전하는 일을 하고 싶었다. 얼어붙은 사람들의 마음에 따뜻하게 피어오를 수 있는 촛불을 놓아주고 싶었다.

그래서 나는 나보다 먼저 그 길을 걷기 시작한 여자들을 파헤치기 시작했다. 그들의 삶을 집어 삼켜보자. 그들의 뇌를 잠깐 훔쳐보자. 성공하는 여자들은 어떤 가치관과 생각을 가졌길래 성공했을까? 무엇이 달랐을까? 같은 출발선에서 어떤 마음으로 뛰었길래 더 멀리 갈 수 있었을까?

그렇게 읽고 또 읽고, 보고 또 보고, 쓰고 또 쓰고, 듣고 또 들었다. 이 세상이 주입한 생각을 벗어나기 위해서 말이다. 이 세상은 내게 '노동자'로 살라고 했다. 학생 때에는 공부를 잘해야 한다고 했고, 대학생이 되어서는 좋은 직장을 얻어야 한다고 했다. 직장인이 되고 나니 시집을 잘 가야 한다고 했고, 아이를 낳아야 한다고 했다. 그렇게 나의 시간과 노동을 월급과 바꾸며 살아가라고 했다. 정해진 삶의 트랙을 따라가는 것이 정답이고, 그렇게 살아야 행복하다고 말했다.

주어진 세계관 속에서 정해진 과제를 수행하며 살았다. 그런데 이상하게 시간이 지나갈수록 행복하지 않음을 느꼈다. 내 미래가 보이기 시작했다. '내 미래는 옆 반 선생님, 부장님, 아래층 교감 선생님의 모습이겠구나.' 그리고 내 눈에는 그들이 행복해 보이지 않았다.

그때쯤 나는 이 세상에는 노동자 세계관만이 있는 게 아니라는 것을 알게 되었다. 나는 내 세계관을 바꾸기로 했다. 생산자 세계관으로 넘어가기 위해서 가장 먼저 한 일은 '듣말읽쓰를 다시 하는 것'이다. 이미 20년이 넘는 시간 동안 노동자 세계관의 믿음으로 세뇌가 되었다. 그러니 이번에는 생산자 세계관으로 나를 재세뇌시켜야겠다는 생각이었다.

그렇게 재세뇌를 하는 과정에서 수많은 자기 계발가, 성공학의 고수들, 떠오르는 루키를 만났다. 책과 유튜브를 통해서 말이다.(그중 몇 명은 나중에 실제로 만나기도 했다.) 그들이 제안하는 것들은 모조리 시도해봤다. 일어나자마자 이불을 개는 것부터 새벽 러닝, 미라클 모닝, 독서, 글쓰기, 투자, 부업, 사업까지. 책을 읽으며 쌓은 작은 시도들로 나의 삶은 변하기 시작했다.

그 과정에서 수많은 좌절이 있었다. 많은 실패를 했다. 나는 투자를 하기만 하면 손실이 나는 마이너스의 손이었고, 여러 부업을 시도해봤지만 유의미한 수익을 내본 게 없었다. 3천만 원 이상의 손실이 났다. 사회 초년생이었던 내게는 전 재산이나 다름없었다. 그런데도 나는 포기할 수가 없었다. 될 때까지 해보자. 어려서부터 나의 어머니와 책 속의 수많은 위인이 건넸던 말이 가슴속에 남아 있었다.

'안 되는 게 어딨어! 하면 다 돼!'

그래서 나는 정말 될 때까지 했다. 나와 맞는 돈 샘물을 찾기 위해서 될 때까지 팠고, 나와 주파수가 맞는 사업이라는 샘물을 찾았다. 그리고 그 과정에서 수많은 이들을 만났다. 그중에는 나보다 더 빠르게 성공한 이들도 있었고, 나보다 먼저 시작했지만 결실을 아직 보지 못한 이들도 있었다. 겉으로 보기에는 잘나가는 것 같은데도 결국은 포기하고 자기한테 맞는 길을 찾아가는 이들도 있었는가 하면, 꾸준히 한 우물을 파서 인플루언서가 되는 사람도 보았다.

왜 누구는 성공하고, 왜 누구는 포기할까?

나는 늘 그게 궁금했다. 왜 같은 인풋을 넣어도 다른 결괏값이 나올까? 안 되는 사람들은 왜 안 되는 것이고, 되는 사람들은 왜 될까? 수많은 케이스를 분석하면서 성공하는 여자들은 '자본'을 꾸준히 쌓는다는 것을 깨달았다. 그리고 나의 경험과 임상 데이터들을 바탕으로 자본을 5가지 영역으로 나눴다. 이 5가지 자본을 탄탄하게 쌓아갈수록, 실패할 확률이 낮다. 빠르게 성공했더라도 이 5가지 영역에서 레벨이 낮으면 막히는 구간이 오거나, 뒤떨어지는 타이밍이 온다. 그 병목을 뚫기 위해서는 부족한 영역의 레벨을 높이는 방법밖에 없다.

내가 직접 실험해보면서 나의 이론에 확신이 생겼다. 정말 성공하는 여자들에게는 법칙이 있으며, 그 법칙대로 생각을 바꾸고 행동을 바꾸면 삶이 무조건 바뀔 수밖에 없다.

1장

제1 법칙 '재'
- 부의 가문을 시작하라

나는 늘 3남매 중에 가장 돈을 잘 버는 딸이 되고 싶었다. 그런 야망을 품게 된 데는 나의 어린 시절이 가장 큰 영향을 미쳤다. 나는 3남매 중 둘째 딸로 태어나 위로는 7살 터울의 언니, 아래로는 2살 터울의 남동생과 함께 자랐다.

자라면서 나는 종종 형제자매들에게 가려지는 느낌을 받았다. 언니는 나이가 많아서 항상 더 유능하고 성취감이 있어 보였고, 집안에서 유일한 아들인 남동생은 자연스럽게 부모님의 많은 관심과 기대를 받았다. 이러한 환경에서 나에게는 열등감이 싹텄다.

나는 특별하지도, 중요하지도 않다는 느낌이 싫었다. 나는 첫째도 아니었고, 아들도 아니었다. 크고 보면 별일 아니지만, 어린 시절의 나에게는 중요했다. 이로 인해 나는 항상 내 가치를 증명하고 인정받기 위해 경쟁해야 한다는 생각을 하게 되었다. 모든 면에서 언니와 동생보다 뛰어나고 싶었다.

공부도 열심히 하고 예체능도 열심히 했다. 근데 문제가 있었다. 언니랑 동생이 공부를 잘해도 너무 잘했다는 것이다. 언니는 외고를 졸업해 아이비리그 대학교에 갈 정도로 두뇌가 명석했고, 동생은 고등학교 3년 내내 전교 1등을 하고 서울대 의대를 들어갔다. 이 사실을 13살의 내가 미리 알았을 리가 없었다. 나는 중고등학교 시절 내내 언니와 동생을 넘기 위해 전력을 다했다. 나 또한 나름대로 내가 가진 능력치 안에서는 작지 않은 성과를 냈다. 하지만 언니와 동생을 뛰어넘을 순 없었다.

대학에 가고 교사가 된 뒤에도 나에게는 이 부분이 여전히 상처였다. 한때 나를 가장 크게 지배했던 생각은 '나는 왜 수학을 못 해서···. 내가 수학만 잘했더라면.'이었다. 나도 언니랑 동생처럼 의사가 되고 싶었다. 어려서부터 동물을 좋아했기 때문에 정확히는 수의사가 되고 싶었다. 그러나 나는 수학에 늘 발목을 잡혔다. 수학을 잘해보려고 아무리 학원을 바꿔보고, 유명한 강의를 들어봐도 나는 만년 3등급을 벗어나질 못했다. 그나마 고3 막판에 모의고사에서 2등급을 받아본 것이 최선이었다.

내 몸은 자라 어른이 되고, 학교에서 아이들을 가르치는 어엿한 선생님이 되었는데도, 나는 항상 이 부분이 아팠다. 내가 아무리 노력해도 이길 수 없었던 언니와 동생. 아무리 노력해도 극복할 수 없었던 수학만 떠올리면 눈물이 났다. 그만큼 나는 뛰어나고 싶었다. 형제 중 눈에 띄고 싶은 마음이 강했고 인정받고 싶은 욕구가 컸다.

시간이 지나면서 이러한 부족함을 극복해야겠다고 결심했다. '그래, 내가 공부로는 입증을 못 했지만, 돈으로는 해볼 수 있잖아.' 나는 그렇게 가족 중에 제일 돈 잘 버는 딸이 되기로 결심했다. 그리고 결심한 지 3년 만에 나는 언니와 동생을 제치고 제일 돈을 잘 버는 딸이 되었다.

그렇게 돈을 많이 벌어보니 이제는 또 다른 부담감이 생겼다. 내가 가족을 책임져야 한다는 부담이 생기기 시작했다. '이런 것이 바로 가장의 무게인가?'라는 생각이 들었다. 수입이 많아지자 부모님께 용돈을 드리기 시작했다. 감사한 마음으로 드렸지만, 또 그게 부담이 되었다. 한 번 드리기 시작한 용돈을 끊기도 애매했다. 그래서 그 부담을 또 다른 성장 동력으로 삼기로 했다.

여태까지는 내가 부모님께 인정받고 싶어서, 언니와 동생을 이기고 싶어서 열심히 달려왔지만, 이제부터는 가족을 위해서 살아보자. 가족들이 힘들 때 도움을 줄 수 있는 버팀목이 되자.

김승호 회장님의『사장학개론』을 읽고 크게 감명을 받은 부분이 있었다. 재산 규모별로 가족에게 어느 정도의 지원을 해주어야 하는지에 대한 부분이었다. 재산 규모가 10억 원 안쪽일 때에는 부모님께 정기적인 용돈을 드리는 정도가 적당하고, 재산 규모가 50억 원 안쪽일 때가 부모님께 집과 차를 사주는 시기라고 한다. 부모님 생활비 전체를 책임지고 조카들 학비도 내주는 시기이다. 재산 규모가 100억 원을 넘어갈 때는 형제 중에 가난한 사람이 있으면 벗어날 수 있도록 적극적으로 도와줘야 한다.

내가 나뿐만이 아니라 내 가족까지도 잘살게 하려면 최소 50억 원 이상의 자산을 일구어야 한다. OECD 조사에 따르면 가난한 가정의 자녀가 OECD 국가 평균 소득에 도달하려면 최소 5세대, 약 150년이 걸린다고 한다. 우리는 꿈을 크게 가져야 한다. 나 혼자 잘 먹고 잘사는 게 끝이 아니라, 부의 가문을 일구겠다는 마음을 가져야 한다. 나아가 이 사회를 건강하고 긍정적인 방향으로 바꿔나가고, 구조적인 문제들을 해결해나감으로써 사회에 환원하겠다는 마음까지 발전시켜야 한다. 이런 마음을 가져야 내가 잘될 수 있다.

꿈을 원대하게 가져라. 가족 중에 제일 잘 버는 딸이 되는 것은 일차적인 목표다. 이 목표부터 이루고 그다음 목표들을 더욱 원대하게 세워가자. 가장 쉬운 방법은 현재 나의 목표에서 10배 목표를 세우는 것이다. 10배로 만들어버리는 순간 해야 할 일이 많아지므로 달성할 수 있는 한계치도 늘어난다. 하지만 말이 쉽지, 10배의 목표를 세우고 실천하는 것은 어렵다. 누구나 계획은 세우지만, 계획을 끝까지 완주하고 실행하고 피드백하는 사람은 상위 5%도 안 된다. 우리가 그 상위 5%에 속하기 위해서 반드시 만들어가야 할 것이 있다. 바로 부의식 설치다.

이 장에서는 경제적 자유를 얻기 위해, 돈을 많이 벌기 위해 가장 필요한 것들에 관해 이야기할 생각이다. 그중에서도 핵심은 부의식이다.

1

경제적 자유를 위해 가장 먼저 해야 할 것,
부의식 설치

'부의식'은 내가 만든 개념이다. 무의식과 의식의 중간 과정이라는 이미 존재하는 용어도 있다. 그러나 우리가 일상에서 자주 쓰는 용어가 아니므로 이 책에서만큼은 다음의 개념으로 사용하고자 한다. '부의식'은 '부 + 무의식'을 합친 용어로, 말 그대로 부와 돈에 관련된 무의식이다.

돈과 부에 관한 수많은 책을 독파해오면서 돈에 대한 내 생각이 차츰 변하기 시작했다. 나의 이런 변화를 가장 먼저 눈치챈 것은 나의 가족과 친구들이었다. 돈에 대한 내 생각을 이야기할 때마다 주변에서는 굉장히 떨떠름한 반응을 보였다. 어떤 친구들은 노골적으로 불편한 티를 내기도 했다. 당시 나는 스스로 부의식 설치가 순조롭게 되어가고 있었고, 내가 누릴 수 있는 부와 미래에 대한 확신이 점점 강해지고 있었다. 평소 친한 친구들에게 이런 이야기를 하자 대부분은 응원을 보내주었으나, 이렇게 반응한 친구도 있었다. '미쳤어? 무슨 사업을 한다고 그래. 뭐 할 건데?' 나를 걱정해서 하는 말임을 알았지만, 미묘한 기분이 들었다. 뭔가 그 친구가 불편해 보였기 때문이다. 그리고 나도 그녀의 감정을 느꼈다. 그 당시에는 뭐가 문제였는지 분석할 수 없었다.

아마 다들 한 번쯤 겪어본 적이 있는 상황일 것이다. 나의 도전이나 목표를 이야기했는데 돌아오는 반응이 영 찜찜했던 경험은 쉽게 할 수 있다. 이런 상황에서 배울 수 있는 2가지 교훈이 있다. 첫 번째는 굳이 나의 포부와 긍정적인 생각을 주변에 말할 필요는 없다는 것이다. 나의 경우 '선언'과 '언약'을 함으로써 목표 도달률을 높이기 위해 주변에다가 '나 사업할 거고, 부자 될 거야.'라는 말을 했다. 하지만 누군가는 이를 불편하게 받아들였다. 새로운 도전을 이야기할 때에는 늘 이 점을 고려해야 한다. 누군가는 나의 도전을 불편해한다는 것. 아니 대부분은 불편해한다는 것을 말이다. 두 번째는 사람에게는 뒤처질까 봐 두려운 심리가 있다는 것이다. 내 주변의 누군가가 새로운 도전을 한다는 이야기를 들으면 무의식적으로 이런 생각이 치고 올라온다. '내가 뒤처지면 어떡하지? 나는 그렇게 못할 것 같은데.' 이런 생각이 올라오면서 도전을 말리게 되는 것이다. 아무리 가까운 사람이라도 어쩔 수 없는 인간의 본능이다. 분명 그 사람을 응원하고자 하는 마음도 있을 것이다. 하지만 마음은 늘 양면적이다. 그 사람을 응원하면서도 그렇게까지 잘되지는 않았으면 하는 마음이 공존한다. 누군가를 진심으로 응원할 수 있는 사람은 매우 단단하고 성숙한 사람이다. 하지만 그런 사람은 소수다. 당신이 부의식을 설치해 갈수록 이런 상황을 많이 겪게 될 것이다. 누군가 당신의 도전에 반대할 때 상처받지 말고, 이 2가지 교훈을 기억하기 바란다.

시간이 지나고 나는 부의식 설치를 완료했고, 이것을 하나의 개념으로 정립했다. 그렇게 '부의식'과 '빈의식'이라는 개념을 정리했다. 빈의식은 부의식에 반대되는 개념으로, '가난을 부르는 무의식'을 뜻한다. 이 빈의식과 부의식 개념을 이분법적으로 나누어 적용해서는 안 된다. 부의식과 빈의식은 공존할 수 있기 때문이다.

대부분 사람의 뇌에서는 빈의식이 차지하는 자리가 더 크다. 사업을 시작하고 만난 사람 중에서도 부의식과 빈의식을 동시에 가지고 있는 사람들이 많았다. 표면적으로 '돈' 범주에서는 부의식이 잘 설치되었지만, '가족'과 '나' 범주에서는 빈의식이 우위를 점한 경우들이 많았다. 이런 사람들은 조금만 무의식 정화를 해주면 더 높이 날아갈 수 있다.

하지만 대부분 평범한 사람들은 빈의식을 더 많이 가지고 살아간다. 빈의식을 정화하지 않고서는 절대로 부자가 될 수 없다. 부자 중에서도 빈의식이 100% 정화된 사람은 드물 것이다. 하지만 그들은 하나같이 빈의식을 없애가며 부의식을 설치했다.

꼭 부자가 되겠다는 열망이 있는 사람이 아니더라도, 빈의식을 제거하는 것은 삶에 많은 도움이 된다. 나의 고객 중 A라는 사람이 있었다. A는 경제적 자유를 얻고자 부동산 공부와 투자를 매우 열정적으로 했다. 특히 부동산 데이터 분석을 잘했는데, 주변 사람들에게 실질적인 수익을 가져다주는 조언과 상담을 여러 번 했다고 한다. 그러나 정작 그녀는 자신의 투자에는 객관적이지 못했다. 지방에 살면서 한때 서울에 집 10채까지 갭투자를 했으나 손실 회피 심리를 이기지 못해, 본전을 겨우 건지고 전부 팔았다고 한다.

그녀는 나와 상담을 수차례 진행하면서 이런 깨달음을 얻었다고 말했다.

'그때 제가 부동산 투자를 실패한 게, 사실은 제 무의식과 관련이 되어 있었다는 게 정말 충격적이에요.'

그녀에게 준 도움은 간단하다. 그녀가 자신의 무의식을 돌아볼 수 있게 도왔다. 그녀의 무의식에는 이런 목소리들이 있었다.

'넌 해내지 못할 거야. 넌 그런 아이니까.'
'과연 내가 할 수 있을까? 나 같은 게?'
'나는 부자가 되긴 힘들 거야.'

'이걸로 돈을 번다고 행복해질까?'

나는 그녀가 부의식을 설치할 수 있게 도왔다. 돈에 대한 기존 개념을 점검하고, 돈에 대해 가지고 있던 부정적인 생각을 바꾸는 것부터 시작했다. 알고 보니 그녀는 어린 시절 어려운 가정 형편 속에서 어머니에게 늘 언어적 학대를 당하며 자랐다. 그 어머니의 목소리가 내면화되어 스스로 학대의 목소리를 되풀이하게 된 것이다.

부의식을 설치하려면 무의식 정화부터 시작해야 한다. 기초공사가 제대로 되어 있지 않은 상태에서 아무리 좋은 자재들로 집을 지어봤자, 기반이 흔들리면 집도 흔들리기 마련이다. 우리의 무의식도 똑같다. 무의식에 붙어 있는 부정적인 감정들을 해소하면서 동시에 긍정적인 부의식을 설치해 줘야 한다.

부의식 설치의 핵심은 '재세뇌'이다. 우리의 뇌를 처음부터 다시 세뇌해야 한다. 우리의 뇌는 이런 생각들로 가득하다.

'돈은 왜 벌어도 벌어도 없지?'
'나는 돈이 별로 없어.'
'돈은 일해야만 벌 수 있어.'

'이번 생에 부자 되긴 글렀어.'

'돈은 특별한 사람들만 버는 거야.'

'나는 부를 누릴 수 없어.'

자라오면서 세상이 자연스럽게 우리를 세뇌했다. 일하면서 힘들게 돈을 버는 것은 어쩔 수 없는 것이며, 단 하나의 정답이라고. 내 집만 마련하면 되는 거라고. 나에게는 많은 돈을 벌 만한 능력이 없다고 말이다.

어른이 된 지금, 정말로 부를 누리고 싶다면, 부를 불러오는 부의식으로 다시 우리 뇌를 세뇌해야 한다. 부의식 재세뇌의 원리는 간단하다. 듣기, 말하기, 읽기, 쓰기를 다시 하는 것이다. 우리가 한글이나 영어를 처음 배울 때에도 '듣말읽쓰'부터 시작한다. 부의식도 동일하다. 부의식을 듣고, 말하고, 읽고, 쓰면 자연스럽게 설치가 된다. 부의식을 효과적으로 설치하고 싶은 당신을 위해 다음의 액션을 제안한다.

듣기 – 확언 듣기

말하기 – 확언 말하기

읽기 – 부의식이 담긴 책 읽기

쓰기 – 해당 책을 읽으며 마음에 드는 문장 필사하기

이 4가지가 지금 당장 바로 실천할 수 있으며 가장 효과적인 방법이다. 기초 중의 기초라고 보면 된다. 확언을 듣고 말하는 것은 매우 필요하다. 우리는 그동안 나에게 별 도움이 안 되는 말들만 들어왔다. 헬조선이니, 살기 점점 힘들어진다느니, 죽고 싶다느니, X 같다느니 하는 말들 말이다. 이런 말들에 노출되면 내 생각도 점점 변하게 된다. '맞아, 우리나라 진짜 살기 힘들지.', '앞으로 얼마나 더 힘들어질까?', '진짜 막막하다… 언제까지 이렇게 살아야 하지?' 그러나 이런 생각들은 도움이 하나도 안 된다. 나를 갉아먹고 내 앞길을 막을 뿐이다. 그래서 긍정적인 인풋을 뇌에 넣어줘야 한다.

내가 가장 추천하는 방법은 확언 듣기이다. 유튜브에 '긍정 확언'을 검색해보면 어렵지 않게 찾을 수 있다. 출퇴근할 때, 밥 먹을 때, 잘 때 이 긍정 확언으로 나의 뇌를 재세뇌시켜 보자. 이때 작게라도, 립싱크해서라도 확언을 내 입으로 말하는 연습을 해야 한다. 내 입으로 말하면 내 귀로 또 한 번 듣게 된다. 일석이조의 효과가 있다. 그리고 내 마음을 편안하게 해주는, 마음에 희망을 넣어주는 문장을 딱 한 개만 암기하자. 불안하고 두려운 마음이 올라올 때마다 이 문장을 소리 내어 말해야 한다. 그러면 두려움은 잠시 내려가고 정신을 차리게 된다. '그래, 나는 할 수 있어!' 이 방법은 실제로 내가 부의식을 설치하기 위해 약 2년간 매일 반복한 행동이다.

읽기는 난도가 있는 행동이다. 책을 읽는 행위는 고차원적인 사고를 하는 인간만이 지속할 수 있다. 이 세상에 독서를 하는 인간이 몇 프로나 될까? 조사에 따르면 지난해 대한민국 성인 중 60%는 1년 동안 책을 단 한 권도 읽지 않았다고 한다. 왜일까? 독서는 뇌가 많이 활성화되는 행동이다. 독서를 할 때 우리 뇌의 전두엽, 측두엽, 두정엽 등 많은 영역이 활성화된다. 그만큼 에너지가 많이 들어가는 것이다. 책을 읽는다고 하더라도 꾸준히, 매일 읽는 사람은 정말 드물다.

그러나 당신은 독서를 하게 될 것이다. 독서를 하는 만큼 사고의 지평이 확장되고 세계가 커진다. 독서를 할수록 부의식이 탄탄하게 설치되고, 확신이 생기며 미뤄왔던 실행을 하게 된다. 생각해 본 적도 없는 일을 하게 되는 것이다. 나의 지인 중 B 대표님이 훌륭한 예시다. 그녀는 실업고등학교를 졸업해 고시 준비를 하였으나 매번 낙방하고, 변변치 않은 중소기업에 다녔다. 욕하고 소리 지르는 사장 밑에서 꾸역꾸역 일하고 돈을 벌었지만, 통장에 남는 돈이 없었다. 당시 그녀의 꿈은 딱 50만 원만 더 버는 것이었다. 그랬던 그녀가 독서를 하기 시작했고, 책을 읽으며 엄청난 실행력을 키워나갔다. 지금 B는 월에 5천만 원을 버는 능력을 갖추게 되었다. 감히 자신이 상상도 할 수 없었던 삶을 살고 있다고 그녀는 말한다.

이것이 독서의 힘이다. 아는 만큼 보이고, 성장하게 된다. 그렇다면 어떤 책을 읽어야 할까? 고민이 들었을 당신을 위해 부의식 설치 필독서 리스트를 공개하겠다. 이 리스트는 직접 읽은 무수한 책 중에서도 올바르고 건강한 부의식을 설치하는 데 도움이 되는 책들만 추린 것들이다.

[부의식 필독서 리스트]

1. 『부의 추월차선』, 엠제이 드마코

2. 『부는 어디에서 오는가』, 월리스 와틀스

3. 『백만장자 메신저』, 브렌든 버처드

4. 『연금술사』, 파울로 코엘료

5. 『나홀로 비즈니스』, 사토 덴

6. 『몰입』, 황농문

7. 『2억 빚을 진 내게 우주님이 가르쳐준 운이 풀리는 말버릇』, 고이케 히로시

8. 『퓨처셀프』, 벤저민 하디

9. 『어떻게 하면 위대한 인생을 살 수 있을까』, 월레스 워틀스

10. 『돈이 따르는 엄마 돈에 쫓기는 엄마』, 고코로야 진노스케

11. 『기브 앤 테이크』, 애덤 그랜트

12. 『비상식적 성공 법칙』, 간다 마사노리

13. 『레버리지』, 롭 무어

14. 『설득의 심리학』, 로버트 치알디니

15. 『습관의 힘』, 찰스 두히그

16. 『10배의 법칙』, 그랜트 카돈

이 중에 마음에 드는 책을 반복적으로 읽는 것을 추천한다. 부의식을 제대로 설치하고 싶다면 『부는 어디에서 오는가』를 최소 3번 이상 읽고 끊임없이 필사하면 좋다.

부의식 설치는 어렵다. 내 무의식을 정화하고 새로운 부의식을 설치하는 것이라 말만큼 쉽지가 않다. 하지만 한번 설치되고 나면 스스로와 미래에 대한 엄청난 믿음과 확신이 생기고, 그 확신은 실행력을 압도적으로 올려버린다. 가능성을 보게 되기 때문이다. 이렇게 부의식 설치를 하면서 동시에 무의식 정화도 해야 한다. 무의식 정화는 정교하고 복잡한 작업이다. 하루아침에 되는 것이 아니라 난도가 있다. 따라서 무의식 정화에 대해서는 3부에서 더 자세히 다룰 예정이다. 일단 지금은 부의식 설치부터 시작하라.

2

돈에는 결국 감정이 얽혀 있다?

돈에는 많은 감정이 묻어 있다. 돈에 대해 진심으로 감사하고, 기쁨을 느끼면 돈이 나를 더 반갑게 찾아오게 된다. 그러나 돈이 없는 것을 불안해하고, 돈이 없는 내 자신을 혐오하고, 나는 그걸 누릴 자격이 없다고 생각하면 돈은 절대로 나에게 찾아오지 않는다.

나의 고객 중 C의 이야기다. C는 겉으로 보기에는 전혀 문제가 없는 삶을 살고 있었다. 안정적인 직업에 억대 연봉을 받으며 대기업에 다니는 남편에 남부러울 게 없는 삶이었다. 그러나 C는 이상하게 계속 불안하다고, 우울하다고 호소했다. 그렇게 C와의 상담이 시작됐다.

C는 어렸을 때 경제적으로 어려운 가정에서 자랐다. 부모님의 돈 걱정과 불안은 C에게 깊은 영향을 미쳤고, 그녀는 늘 경제적 불안에 시달렸다. 학업 성적이 우수했지만, 대학에 가고 싶은 꿈도 돈 걱정 때문에 이룰

수 있을지 항상 불안했다. 그녀는 학원을 보내달라는 말을 하기가 어려웠다. 원하는 공부를 마음껏 할 수 없는 상황에 부모님이 원망스럽게 느껴졌다. 그중에서도 그녀의 어머니가 그녀에게 한 말이 큰 상처가 되었다. '우리 집 돈 없으니까 문제집 친구한테 빌려서 풀어!' 이로 인해 부모님에 대한 원망과 돈에 대한 두려움이 그녀의 마음속에 크게 자리 잡게 되었다.

하지만 어려운 상황 속에서도 포기하지 않았던 그녀는 좋은 학교에 들어가 안정적인 직업을 가지게 되었고, 남편을 까다롭게 골랐다. 억대 연봉을 받고 대기업에 다니는 남자와 결혼에 골인했다. 자신의 월급과 남편의 월급을 고려하면 전혀 경제적으로 쪼들리는 상황은 아니었다. 하지만 그녀의 마음속에는 계속해서 불안이 자리하고 있었다. 돈이 언제 사라질지 모른다는 불안함 때문에 그녀는 우울했다.

C에게는 여전히 과거의 가난이 반복될 것이라는 두려움이 있었다. 그럴수록 저축하고 아끼며 생활했지만 행복하지가 않았다. 과거의 기억과 감정이 지속된 것이다.

C가 기억하고 있는 장면 중 가장 깊게 감정이 묻은 장면을 찾아내 정화작업을 진행했다. 십수 년 전의 일이었지만 그녀에게는 현재 진행형이었다. 묵은 감정들을 해소하고 나자 C는 이렇게 말했다. "저 이제 좀 뭔가 해

볼 마음이 들어요. 그동안 도전을 미뤄왔던 게 사실은 돈에 대한 불안함 때문이었네요." 나는 그녀에게 무의식 정화 작업과 함께 부의식 설치도 반드시 동시에 해야 한다고 강조하고 부의식 설치에 도움이 되는 책을 추천해주었다.

이 외에도 다양한 케이스를 마주하면서 다시금 나의 가설에 확신을 가질 수 있었다. 돈에는 감정이 묻어 있다. 이 감정은 어린 시절에 주로 형성된다. 어렸을 때 돈이 없어서 내가 원하는 걸 못했던 경험, 돈이 부족해서 부모님이 고통받는 걸 지켜본 경험 등에서 시작이 된다. 두려움, 불안함, 걱정, 우울함, 원망, 슬픔, 외로움, 억울함, 쓸쓸함 등 온갖 감정들이 내면에 그대로 남게 된다.

돈에 대한 부정적인 감정은 성인이 되어서도 이어진다. 제대로 해소하는 방법을 배운 적이 없기 때문이다. 미해결 과제로 묻어둔 채로 살아간다. 때때로 부정적인 감정이 올라오면 생각으로 억압한다. 이제는 이 굴레를 벗어야 한다. 여기서 우리가 가장 먼저 고쳐야 할 생각은 '돈은 쓰면 없어진다.'이다. 돈은 쓰면 없어진다고 믿고 있기 때문에 늘 돈이 부족하다고 느껴지는 것이다.

그러나 사실은 그렇지 않다. 돈은 쓰는 만큼 더 들어오게 되어 있다. 생각해보면 그렇다. 돈은 기쁘게 쓸수록, 기쁘게 돌아온다. 돈을 감사하면서 쓰면, 나에게 감사하는 돈이 온다. 이 문장이 얼마나 진심으로 믿어지는지에 따라 나의 현재 부의식 상태를 알 수 있다.

다시 한번 강조하겠다. 돈은 쓰는 만큼 들어온다. 감사하게 쓰면 감사하게 들어온다. 돈을 묶어두려고 할수록 돈은 도망치고 싶어 한다. 돈은 에너지이기 때문이다. 돈이라는 에너지를 다루는 방법을 배워야 한다. 가장 쉽게 돈을 다루는 방법이 바로 부의식 설치다. 부와 돈에 대한 개념을 재정립하고 긍정적인 신념을 심는 것이다. 부의식 설치는 컴퓨터에 운영체제를 까는 것과 비슷하다. 현재 우리의 뇌에는 낡은 운영체제가 깔려 있다. 이 낡은 운영체제를 최신 버전으로 업데이트해야 한다. 최신 버전 중에서도 가장 좋은 최고급 운영체제를 까는 것이다.

3

실패한 투자에서 얻는
5천만 원짜리 교훈

내가 투자로 성공했다면 이 책의 주제가 바뀌었을 것이다. 이 세상에는 투자를 잘하는 사람들이 참 많다. 주식 또는 부동산 투자로 수백억 자산가가 되는 경우들이 허다하다. 그렇게 성공한 투자자들이 많다는 것은 반대로 실패하는 사람들도 많다는 뜻이기도 하다. 그리고 대부분의 실패한 투자자들은 자신의 기억 속에서 투자를 지워버린다. 자신이 왜 실패를 했는지 분석하고 복기하는 사람은 많지 않다.

나는 투자를 잘하는 법을 알려줄 수는 없다. 그러나 '이렇게 투자하면 안 된다!'라는 것은 알려줄 수 있다. 때로는 To do보다 Not to do가 더 중요한 법이다. 주식, 부동산, 코인 순서대로 투자했고 결과는 90% 이상 손실이다. 하지만 이 이야기를 통해서 분명 얻어가는 교훈이 반드시 있을 것이라고 본다. 이 글을 읽는 여러분은 최소 5천만 원 이상의 손실을 방지할 수 있다.

때는 바야흐로 2021년 모든 게 오르던 시기였다. 이때 주식, 코인을 안 하는 사람을 찾기가 어려웠다. Fear of Missing out, 즉 FOMO라는 용어가 심심치 않게 등장했다. 나도 FOMO를 겪는 사람 가운데 하나였다. 주변 사람 중에 코로나 때 주식으로 돈 번 이들의 이야기를 심심찮게 들을 수 있었다. '그래. 남들이 다 버는데, 나라고 못 할 건 뭐야?' 그렇게 생각하고 주식을 공부하기 시작했다. 당시 나는 주식에 대해 아무것도 모르던 사회 초년생이었기 때문에, 남들이 그러하듯 책과 유튜브로 주식을 공부하기 시작했다.

그때 한참 많이 보던 채널이 소수몽키님의 채널이다. 애플, 테슬라, 엔비디아 등 성장주들을 주로 소개해주는 채널이었고, 일반인들도 알기 쉽게 설명을 잘 해주었다. 소수몽키님 채널로 시작해서 여러 주식 유튜버들을 구독하고, 주식 책을 사서 보기 시작했다. 주식 매매 다이어리도 사서, 매매 일지도 쓰고 기업 분석 리포트도 인쇄해서 봤다. 경제 기사도 틈날 때마다 읽으면서 나의 경제 견문을 넓혀갔던 시기였다. 그렇게 몇 달 정도 공부를 하고 나자, 왠지 모를 자신감이 생겼다. 왜 그런 말이 있지 않은가, 책을 1권만 읽은 사람이 가장 무섭다고. 과거의 나는 딱 그런 상태였던 것 같다. 돌이켜보면 당시 나는 주식 분야의 책을 10권도 읽지 않은 상태였다. 그러나 당시 나는 책을 아예 읽지 않고 살아왔기에 대여섯 권의 책을 읽은 것만으로도 '주식 투자를 할 시기가 되었다!'는 잘못된 판단을 내린 것이다.

그렇게 나는 내 생각에 느낌이 좋은 기업의 주식들을 샀다. 그렇게 나는 달리는 말에 올라탔다. 꼭대기 중에서도 꼭대기에 물린 것이다. 3년이 지난 지금 나의 계좌는 대부분 시퍼렇다. 그렇다고 내가 산 주식들이 내내 떨어지기만 했는가? 하면 그건 아니다. 올랐을 때도 있었다. 그러나 나는 그때 팔지 못했다. 이유는 간단하다. '더 오를까 봐.'였다.

그렇게 내 주식 계좌에는 천만 원가량이 묶이게 되었다. 열심히 직장 생활을 하며 모았던 돈이 손실이 난 채로 묶여버린 것이다. 오랜 시간 분석하고 고민했다. 나는 왜 주식으로 돈을 벌지 못했을까? 패인은 다음과 같다.

첫 번째, 주식 공부에는 끝이 없다. 주식 분야는 생각보다 더 많이, 더 오래 지식을 쌓아야 한다. 내가 주식 천재가 아니라면 말이다. 또 성실히 꾸준히 경험치와 지식을 쌓아야 한다. 어설프게 알고 큰돈을 투자했다가는 나처럼 되기 십상이다.

두 번째, 95%는 심리 때문에 망한다. '여기서 더 오를 수도 있잖아.', '지금은 내려왔지만 언젠간 오를지도 몰라.' 이런 손실에 대한 두려움이 객관적인 판단보다 우선시된다. 그래서 주식 투자를 할 때는 철저한 기준과 원칙에 입각하는 것이 좋다. 그때그때 달라지는 나의 심리 상태에 의존해서는 안 된다. '몇 퍼센트 이상 오르면 팔고, 몇 퍼센트 이상 빠지면 판다.'라는 구체적인 수치 기준을 마련하고, 그대로 해야 한다. 근데 보통은 여기서 그대로 하지 못한다. 사람 심리가 그렇다. 그래서 주식이든 부동산이든 투자는 정신력이 매우 중요하다.

그렇게 주식으로 투자의 물꼬를 트고 부동산 공부도 같이했다. 부동산 공부는 주식보다 더 깊이 있게 했다. 1년이 넘는 기간 동안 매주 월요일마다 스터디를 꾸준히 했다. 나는 매주 1권의 부동산 책을 읽고 해당 책의 내용을 요약해서 한글 파일로 정리했다. 그리고 KB부동산에서 제공하는 주간 시계열을 내려받아 매주 전세가격지수와 매매가격지수의 변동 추이, 지역별 상승 하락 추이를 보고 익혀갔다.

아실, KB부동산, 조인스랜드, 온라인공매 등 여러 사이트에 지속적으로 방문하고 자료를 분석했다. 청약, 재개발, 재건축, 경매, 갭 투자, 분양권, 오피스텔, 지식산업센터, 생숙 등 부동산 분야는 전반적으로 다 봤다. 임장도 다녔다. 지방 임장, 수도권 임장, 서울 임장 등 직접 걸어 다니면서 분위기를 보고, 부동산에 들어가서 매물도 보러 다녔다. 그렇게 1년 정도 공부를 하다 보니, 또 도졌다.

'이제 배웠으면? 실행해야지!'

당시 나의 여유 자금은 딱 천만 원 정도였다. 그리고 천만 원으로 투자할 수 있는 투자처 중 갭 투자가 가장 적절해 보였다. 그렇게 나는 지방의 모 아파트를 매수하게 된다. 2년이 지난 지금 해당 아파트 단지는 내가 매수했던 가격보다 2천만 원 정도 빠져 있다. 그렇다. 또 물린 것이다. 나는 또 고점에 사서, 팔지 못하는 상황을 경험했다. 남들이 팔 때 받아주는 역할을 자처한 것이다. 이번엔 또 왜 실패했을까? 나의 실패 요인을 분석해 봤다.

첫 번째, 너무 무모했다. 당시 나는 '일단 어떻게든 질러보자. 한번 사보자.'라는 생각에 사로잡혀 있었다. 그래서 입지와 물건 분석을 객관적으로 하지 못했다. 더 다양한 지역을 다녀보고, 여러 물건을 봤어야 했는데, 한 곳만 보고 덜컥 계약해버린 것이다. 조급함과 무모함에 객관적으로 판단하지 못했다.

두 번째, 추가 비용 발생을 예상하지 못했다. 처음 투자를 하게 되면 많이들 놓치는 부분이다. 나 또한 예산을 천만 원으로 잡고 계약을 했다. 그러나 들어간 각종 부대 비용들을 합치면 대략 500만 원 정도가 더 들어갔다. 내부 수리 비용, 각종 세금 등 예상치 못한 비용이 발생했다. 금리 또

한 예상치 못한 변수였다. 당시 임대 이익을 얻고자 오피스텔 투자에도 내 명의를 빌려준 경험이 있다. 계약을 하고 몇 개월이 지나자 금리가 가파르게 오르기 시작했다. 그 덕에 매달 들어오는 월세보다도 더 많은 이자를 지출하게 되었다.

세 번째, 절대로 부동산 중개자의 말을 곧이곧대로 믿어서는 안 된다. 부동산 중개자들에게 투자자는 고객이다. 감언이설로 어떻게든 계약을 하게 해야 본인들이 수수료를 받을 수가 있다. 그러나 계약이 끝나고 나면 나 몰라라 하는 태도로 바뀌는 경우들이 있다. 모든 공인중개사가 그렇지는 않다. 훌륭하신 분들도 계시지만, 그렇지 않은 예도 있으니 조심해야 한다.

네 번째, 부동산은 결실을 얻기까지 상당히 오랜 시간이 걸린다. 수익이 바로바로 나오지 않는다는 것이다. 부동산 투자를 할 때는 장기적인 안목을 반드시 가져야 한다. 나는 그 안목을 갖지 못했다.

그러나 나의 투자는 여기서 멈추지 않았다. 왜? 아직 성공을 못 했으니까…. 그렇게 나는 코인을 공부하기 시작한다. 코인은 주식이나 부동산보다는 공부하기가 좀 더 까다로웠다. 풀려 있는 정보가 주식과 부동산보다 확연히 적었다. 코인 쪽은 주로 정보가 영어 베이스인 경우가 많았다. 특히나 스테이킹(자신이 보유한 코인의 일정량을 지분으로 고정하는 것) 쪽에 관심이 있었는데 그 어떤 책을 봐도 이 스테이킹을 구체적으로 어떻게 하는 건지에 대한 방법이 없었다. 당시 오프라인 부동산 수업을 듣는 모 커뮤니티가 있었다. 해당 커뮤니티는 끝나면 늘 회식 자리가 있었는데, 그 회식은 각종 정보를 주고받기도 하고 친목을 도모하기도 하는 자리였다.

그날 옆에 A라는 사람이 앉았다. 나와는 초면이지만, 이미 커뮤니티에서 꽤 활발하게 활동 중인 사람이었다. A는 자신을 코인 투자자라고 소개했고, 요즘 핫하다는 모 코인에 대해 적극적으로 설명해주기 시작하였다. 당시 나는 코인 투자를 해보고 싶다는 생각이 있었고 그의 이야기를 꽤 흥미롭게 들었다. 그렇게 나는 그의 영업 실력에 넘어가 모 코인에 또 100만 원을 넣게 된다. 2년이 지난 지금, 내 100만 원은 어디로 사라졌는지도 알 수 없다. 해당 코인은 그냥 완전히 박살 났기 때문이다.

A를 비난하고 싶은 생각은 없다. 인생 경험에 대한 수업료라고 생각하기로 했다. 결국 최종 결정은 내가 내렸기 때문이다. 이것이 내가 얻은 마지막 교훈이다. 결국 모든 책임은 내가 진다는 것. 투자가 잘돼도 내 책임, 못돼도 내 책임이다. 처음부터 잘되면 참 좋겠지만, 실패를 거듭하는 경우가 훨씬 많다. 성공한 투자자들도 처음부터 성과를 내기는 불가능하다. 투자할 때에는 장기적인 관점을 가져야 한다. 그리고 실패했더라도 나처럼

투자 실패를 원동력으로 삼을 수도 있다. 나는 투자에 실패했기 때문에 남은 선택지가 사업밖에 없었다. 그러므로 나에게 투자란, 사업을 시작하기 위한 돈 공부의 첫 단계였다.

나는 투자는 무조건 해야 하는 것이라고 본다. 경제적 자유를 이루기 위해서는 금융 소득은 무조건 있어야 하기 때문이다. 그래서 지금까지도 꾸준히 관심을 가지고 공부를 지속하고 있다. 이상이 나의 실패한 투자 이야기다. 그러나 언젠가 나는 이 이야기를 성공 신화로 탈바꿈시킬 것이다. 안 되면 될 때까지. 그게 나의 신조다. 될 때까지 포기하지 않고 배워갈 생각이다. 이 책을 읽는 여러분도 포기하지 말고 될 때까지 도전하기를 바란다. 미래에는 우리 모두 자산가가 되어 있을 것이다.

여러분도 투자에 실패한 경험이 있나요? 왜 실패했는지 요인을 분석해보세요.

4

아끼 쓰는 것보다 더 중요한 것

한창 짠테크에 빠져 있던 시절이 있다. 당시 인기가 많았던 김짠부 채널을 보면서 가계부도 쓰기 시작했다. 그리고 생활의 자잘한 소비들을 줄여보고자 짠테크를 시작했다. 캐시워크 앱은 기본으로 깔아두고, 교통비 지출을 아끼고자 무더운 여름날에도 걸어 다녔다. 그렇게 해서 저축률을 80%까지 높인 적이 있었다.

그때 충격을 받았다. '80% 저축을 해도 얼마 차이가 안 나네?' 근데 저축률이 더 낮은 달인데도 실질적인 저축 금액은 높은 달이 있었다. 이유는, 그달에 보너스가 들어와서였다. 그때 깨달았다. 내가 백날 짠테크 한답시고 걸어 다니고 먹을 거 안 먹고 아끼는 것보다 그냥 더 벌면 더 많이 저축할 수 있다는 것을 말이다. 그렇게 짠테크를 할수록 저축의 궁극적인 목표에 의문이 생겼다. 나는 단지 돈을 모으기 위해 저축을 하는 건가? 내가 정말 원하는 게 뭘까? 스스로 되물은 결과 내가 원하는 것은 많이 모으는 것이 아니라 많이 버는 것임을 깨달았다. 나는 더 많이 모으는 사람보다 더 많이 버는 사람이 되고 싶었다.

돈을 아끼는 것은 분명 중요하다. 하지만 너무 아끼게 되면 삶의 균형이 깨지기 시작한다. 내가 경험한 바로는 그렇다. 나는 워낙에 하고 싶은 것, 사고 싶은 것, 경험하고 싶은 것이 많은 인간인데, 짠테크를 하면서 나의 본능을 역행해버리자 불행했다. 내가 실천한 극도의 절약은 오히려 스트레스와 박탈감을 불러일으켰다. 인생이 재미없게 느껴졌고, 나는 더 나은 방법이 없는지 탐색하기 시작했다. 결국은 더 버는 게 나에게 맞는 답이었다.

그럼 더 벌려면 어떻게 해야 하지? 그렇게 새로운 고민을 시작했다. 당시 나는 한창 자기 계발서들을 독파하는 중이었다. 분명 다른 책들인데 공통의 이야기가 나오는 지점들이 있었다. 그중 가장 반복적으로 등장한 말은 '배움에 투자하라'라는 것이었다.

나는 이 조언을 받아들이기로 했다. 그때부터 배움에 더 과감하게 투자하기 시작했다. 가장 쉬운 것은 온라인 강의를 듣는 것이었다. 글쓰기 강의, 인스타그램 강의, 주식 부동산 강의 등 관심 분야에 대한 지식을 채워가기 시작했다. 그러나 이런 강의들을 열심히 들어도 삶에 유의미한 변화가 나타나지는 않았다. 그래서 오프라인 수업들도 찾아다니기 시작했다.

이때의 나는 멘토를 찾고 싶었다. 나를 더 높은 단계로 이끌어줄, 자신의 노하우를 아낌없이 전수해 줄 멘토가 필요했다. 나는 사업 분야에서 경험이 풍부하고 성공한 멘토를 찾았고 그로 인해 한층 성장할 수 있었다.

배움에 투자하는 것은 단순히 더 많은 돈을 벌기 위함이 아니다. 배움에 투자하는 행위는 내 사고방식을 바꾸고, 그것이 실제 실행으로 이어지도록 하는 장치다. 배움에 시간과 돈, 노력을 써야 내가 움직이기 시작한다. 그전까지는 새로운 도전을 할 명분이 없다. 하지만 뭐라도 배우면 뭐라도 하게 된다. 매몰 비용이 들어갔기 때문에 뭐라도 하는 것이다. 그 '뭐라도' 때문에 인생이 변한다. 이전에는 하지 않았던 생각을 하게 되고, 생각이 바뀌면서 행동도 바뀌기 때문이다. 이것이 환경 설정의 힘이다.

결론적으로 돈을 절약하는 것도 중요하지만 나 자신에게 투자하는 것도 똑같이 중요하다. 이 방법은 더 많은 돈을 벌도록 도와줬을 뿐만 아니라, 내가 상상도 못 했던 방식으로 내 삶을 더욱 풍요롭게 만들어주었다. 아껴 쓰는 것보다 더 중요한 것은 더 버는 것. 그리고 더 버는 사람이 되기 위해 나에게 투자하는 것이다.

5

나에게 맞는 돈 샘물을 찾아라

투자로 돈을 잃어보고, 부업으로 시간을 날려보고, 사업으로 돈을 벌어보면서 깨달은 점이 있다면 사람마다 자신에게 맞는 돈 샘물이 있다는 거다. 누군가에게는 주식이, 누군가에게는 부동산이, 누군가에게는 코인이 돈 샘물일 수 있다. 그 돈 샘물은 부업이 될 수도 있고 사업이 될 수도 있다.

나에게 맞는 돈 샘물을 찾는 방법은 딱 하나다. 다 파보는 것. '언제 그걸 다 파보고 앉아 있어?' 이런 생각이 들 수 있다. 그러나 다 파봐야 한다. 다 직접 경험해보고 파봐야만 이게 나한테 맞는 건지 아닌지 알 수 있게 된다. 그것이 경험의 가치다.

내가 주식을 못 할 것 같다고 생각했지만, 주식이 나에게 돈 샘물이 될 수도 있다. 나는 영 사업 체질이 아니라고 생각했지만, 모순적이게도 사업으로 대박이 날 수도 있는 것이다. 나의 경우 나는 부동산을 잘할 것 같다고 생각했지만, 실질적으로는 모두 마이너스였다. 남은 선택지가 사업밖에 없었기 때문에 사업에 뛰어들었고, 그것이 나에게 맞는 돈 샘물이었다.

사람마다 맞는 돈 샘물이 있다. 더 늦기 전에 모두 파봐야 한다. 그래야만 마르지 않고 샘솟는 나만의 돈 샘물을 찾을 수 있다. 그럼 돈 샘물을 찾는 구체적인 방법을 알아보자.

1단계: 가능성 열기

나 자신을 제한하면 그 어떤 돈 샘물도 찾을 수 없다. 여러분은 지금부터 돈 샘물을 찾아 떠나는 여정에 참여한 탐험가가 된다. 주식, 부동산, 부업, 사업…. 뭐든 좋다. 도전을 두려워하지 말자. 더 많은 경로를 탐색할수록 우리의 돈 샘물을 발견할 확률이 높아진다.

2단계: 지식 쌓기

모든 위대한 탐험가에게는 가이드북이 필요하다. 다행히도 이 세상에는 우리의 가이드가 되어줄 지식의 원천이 널려 있다. 책을 읽고, 세미나에 참석하고, 온라인 강좌를 수강하면서 내가 필요한 분야의 지식을 늘려나가자.

3단계: 작은 퀘스트 시작하기

투자든, 사업이든 처음부터 크게 하려고 하면 그만큼 부담감이 크다. 작게 시작하자. 소액 투자를 하거나, 작은 부업을 시작해볼 수 있다. 이 작은 퀘스트를 통해서 돈 샘물이 나에게 맞는지 체험해 보는 것이다. 주의할 점은 곧바로 성과가 나오길 기대해서는 안 된다는 것이다. 결과보다는 과정에 초점을 두고 작은 퀘스트를 실행하자.

4단계: 피드백하기

돈 샘물을 찾는 데 있어 매우 중요한 절차가 바로 피드백이다. 피드백 없이 무지성으로 투자를 하거나 사업을 시작해서는 안 된다. 이 돈 샘물이 정말 나에게 맞는지 제대로 점검하자. 다음과 같은 질문을 던질 수 있다.

'작은 퀘스트를 하며 무엇을 즐겼는가?'
'작은 퀘스트를 하며 무엇이 싫었는가?'
'이 일을 1년 이상 지속할 수 있는가?'
'이 일로 성과가 나오려면 어떻게 해야 하는가?'

5단계: 환경 세팅하기

사람이 성장하는 데 가장 중요한 요소가 환경이다. 내 주변에 어떤 사람을 두느냐에 따라 나의 미래가 달라진다. 내가 사업가가 되고 싶다면 주변에 사업가 또는 사업을 준비하는 사람들을 둬야 한다. 내가 투자자가 되고 싶다면 잘하고 있는 투자자들과의 만남을 어떻게 해서든 가져야 한다. 내가 파고 싶은 돈 샘물을 이미 팠거나, 파고 있는 사람들과의 만남을 늘리자. 내 주변 사람을 바꾸면 나도 바뀐다.

6단계: 반복하기

5단계까지는 열정으로 버틸 수 있다. 그러나 6단계부터는 끈기가 필요하다. 5단계까지 어떻게 운이 좋아 왔다고 하더라도, 보통 6단계를 버티지 못하고 포기해 버린다. 한 번에 성공하는 사람은 없다. 성공한 사람들은 포기하지 않은 사람들이다.

아인슈타인은 이런 말을 남겼다. "한 번도 실패하지 않은 사람은 한 번도 도전하지 않은 사람이다." 돈 샘물을 찾는 과정에서 분명 좌절과 실수가 있을 것이다. 그러나 그 과정을 즐겨야 한다. 도전할 수 있음에 감사하며 나는 어떤 성장을 향해 나아가고 있는지 알아야 한다. 돈의 원천을 찾는 것은 발견, 학습, 성장으로 가득한 스릴 넘치는 모험이다. 열린 마음과 두려움 없는 마음으로 이 여행을 즐기자. 당신의 돈 샘물은 당신을 기다리고 있다.

2장

제2 법칙 '체'
- 건강한 아름다움을 무기로 만들어라

모든 성공의 길은 나의 몸에서 시작된다. 내가 내 몸으로 움직이고 행동해야 한다. 또한 나와의 관계가 얼마나 잘 맺어져 있는가에 따라서 타인과의 관계도 달라진다. 나와의 관계를 가장 쉽게 회복할 방법이 바로 몸을 바로 세우는 일이다.

성공한 사람 중 90%는 운동의 중요성을 강조한다. 건강한 신체에 건전한 정신이 깃들기 때문이다. 그러나 우리는 자주 건강이라는 선물의 감사를 잊어버린다. 마라탕을 몸속에 집어넣고, 술을 들이붓고, 거북목과 라운드숄더를 강화한다. 성공은 이런 작은 습관에서부터 시작된다.

우리는 신체 자본을 건강하고 아름답게 쌓아나가야 한다. 앞으로 당신의 삶은 바빠질 것이다. 편하게 놀고먹고 싶어서 성공하고 싶겠지만, 그건 생각보다 나중의 일이다. 당신의 삶은 당분간 더 복잡해지고 더 바빠지며 더 어려워질 확률이 높다. 그때 건강이 무너진다면 어떻게 될까? 크게 고꾸라지게 된다. 그래서 건강은 아직 나에게 건강이 있을 때, 젊을 때 챙겨야 한다.

그리고 이왕이면 우리가 가진 무기를 갈고닦아 최상의 상태로 만들어 휘두르는 게 낫지 않을까? 세상 사람들은 '보이는 것'에 약하다. 눈에 보이는 것을 쉽게 믿고 그것이 중요하다고 생각한다. 그래서 이 점을 활용해야 한다. 건강하게 나의 몸을 가꿔나가고, 이왕이면 내가 가진 기본 스펙 안에서 최대치로 끌어올리면 좋다. 여기서 오해하지 말아야 할 게, 외모 관리에 미쳐서 거기에 수백, 수천씩 갖다 쓰라는 이야기를 하는 게 아니다. 그건 건강하지 않다.

나의 몸을 있는 그대로 받아들이는 것부터 시작해서, 하나씩 레벨을 올리는 과정을 경험해야 한다. 건강하고 재밌는 운동과 식단으로 '와, 내 몸은 내가 노력하는 만큼 변하는구나.'라는 성장감과 성취감을 느껴야 한다. 그래야 나의 몸을 더욱 사랑하게 된다.

나는 제발 이 시대의 여성들이 자신의 몸과 화해하기를 바란다. 건강한 바디마인드셋을 정립해서 더 이상 비교로 인해 자신을 깎아내리지 않았으면 한다. 몸무게 집착, 외모 집착을 벗어나서 거울 속의 나 자신을 예뻐해주기를 바란다. 나를 혐오하는 사람은 다른 이도 혐오할 수밖에 없다. 우리가 느끼는 대부분의 부정적인 감정들은 사실 나를 향한 감정이다. 나와의 관계가 부정적인 사람은 타인과 제대로 관계할 수 없다. 그러면 성공에서 멀어진다.

다시 한번 말한다. 나와의 관계를 가장 빠르게 회복시키는 방법은 신체 자본을 제대로 쌓는 것이다. 바디마인드셋을 잘 다듬어서 나를 예뻐하는 일부터 시작해야 한다. 이 파트에서는 구체적으로 바디마인드셋을 어떻게 세우는지, 어떻게 건강하고 쉽게 나의 매력을 최대치로 끌어올릴 수 있는지에 대해 이야기하려고 한다.

1

　과거 나는 아주 건강하지 못한 외모지상주의에서 비롯된 외모 집착증을 앓고 있었다. 인스타그램 속의 완벽한 몸매를 가진 여자들을 보면서 끊임없이 나의 몸을 혐오했다. 당시 나는 165㎝에 49㎏이었다. 누가 봐도 마르고 날씬한 몸이었다. 그런데도 나는 혐오에 빠져 있었다. 다이어트를 하면 할수록 더 마르고 싶었고, 더 살을 빼고 싶다는 생각이 들었다. '여기서 더 예뻐지려면 뭘 해야 하지? 딱 2㎏, 아니 3㎏만 더 빠지면 좋겠어.' 이런 생각들로 머리가 가득 차 있었다.

　그때 나는 나의 바디마인드셋이 건강하지 않음을 직감적으로 알고 있었다. 그러나 고치는 방법을 몰랐고, 고치고 싶지도 않았다. 이걸 내려놓으면 나 또 살찌는 거 아니야? 또 통통했던 때로 돌아가는 게 아닐까? 하는 불안감 때문이었다. 그리고 이걸 고치는 데 참 시간이 많이 들었다. 한 번 자기혐오의 늪에 빠지면 거기서 헤어나오는 데 많은 의식적인 노력이 필요하다.

요즘 세상에는 참 예쁘고 마른 여자들이 많다. 쇼츠, 릴스를 넘기다 보면 정말 누가 봐도 아름다운 몸매와 얼굴을 가진 사람들이 계속 나온다. 댓글을 보면 그들의 아름다움을 찬양하고 있다. 나도 그렇게 되고 싶다는 생각이 든다. '와, 허리 진짜 얇다. 나도 허리 얇아지고 싶다.', '다리 봐, 어떻게 저렇게 마르고 이쁘지? 나도 저렇게 되고 싶어.' 이런 생각들이 필터를 거치지 않고 막 치고 올라온다. 그 뒤에 이어지는 생각은 이렇다. '나는 왜 노력해도 살이 잘 안 빠질까?', '더 예뻐지고 싶어.' 이런 생각들은 자동적이고 무의식 속의 자기혐오를 뿌리에 두고 있다.

이런 사람들일수록 바디마인드셋이 절실하다. 과거의 내가 그랬다. '제발 좀! 다이어트의 굴레를 벗고 나도 그냥 마음 편하게 살고 싶어! 근데 그걸 포기하는 게 너무 어려워. 그러면 내가 도태될 것 같아.' 이런 마음을 가지고 계속 살아갔다. 그러니 마음이 병들 수밖에 없다.

바디마인드셋은 하루아침에 생기지 않는다, 절대로. 우리의 마음속 깊이 박혀 있는 내 몸에 대한 혐오를 인식하고, 작은 부분부터 칭찬해주고 예뻐해주는 연습을 해야 한다. 우리의 무의식이 바뀌려면 시간이 필요하다. 여자들은 대부분 10대 초반부터 외모에 관심이 생기기 시작하고, 그 시절에는 외모가 거의 전부다. 예쁜 친구들이 인기가 많으므로 나도 예뻐지고 싶다. 이때 외모에 대한 잘못된 무의식이 형성된다. '나는 충분히 예쁘지 않아, 더 예뻐지고 싶어.' 이런 생각들이 자리 잡게 된다.

특히나 요즘은 아이돌들이 정말 완성형의 외모로 데뷔를 하기 때문에 이런 경향들이 더 짙어지고 있다. 게다가 요즘 청소년들을 보면 심지어 화장술도 뛰어나다. 예전에는 컴싸 아이라인에 시뻘건 틴트를 바르고 다니는 애들이 태반이었는데 요즘 친구들은 절대 그렇지 않다. 아무튼 이렇게 외모에 집착하는 경향이 더 짙어지고 있다는 이야기다.

이런 시대 속에서 살아가는 만큼 바디마인드셋을 단단히 세워야 한다. 이걸 제대로 세우지 못하면 살아가는 게 고통이다. 끊임없이 남과 나를 비교하는 비교 지옥에서 벗어나지를 못한다. 이쯤 되면 바디마인드셋이 궁금할 것이다. 그게 도대체 뭔데? 나도 한번 가져보고 싶다는 마음이 들었을 것이라고 본다.

지금 당장 바디마인드셋을 설치할 준비가 되지 않았더라도, 먼저 알아둬야 한다. 바디마인드셋은 우리가 돌아갈 마음의 고향 같은 것이다. 내가 아무리 나를 혐오하고 미워해도 결국은 다시 나를 사랑해줄 따뜻한 품을 찾게 된다. 그 따뜻한 보금자리가 바로 바디마인드셋이다.

바디마인드셋을 제대로 세우면 나를 바라보면 관점이 달라진다. 비교와 혐오의 시선을 거두고 사랑과 감사의 시선을 가지게 된다. 우리 주변에서 정말 외모가 예쁘고 아름다운데도, 자신을 미워하는 사람들을 종종 볼 수 있다. 더는 할 게 없는데도 계속 피부과와 성형외과를 다니는 친구들, 점점 더 과하게 꾸미는 친구들이 한 명쯤은 있을 것이다. 이런 친구들과 이야기를 나눠보면 남이 예쁘다고 해줄 때 기분이 좋아 보이기는 하는데, 어딘가 스스로 자신감이 없어 보인다. 그리고 이런 친구들 특징이 계속해서 예쁘다는 말을 듣고 싶어 한다. 처음에는 정말 예쁘다고 생각했는데 볼수록 매력이 없다는 생각이 들게 된다.

반면에 처음에는 '그냥 평범한 친구네.' 했지만 볼수록 매력 있는 친구들이 있다. 이 친구들은 외모 관리에 과도하게 집착하지 않고, 자기 자신의 본연의 미를 나타내는 걸 좋아한다. 단단한 바디마인드셋이 제대로 자리 잡았기 때문에 가능하다. 이런 친구들은 다른 친구들에게도 칭찬을 잘해준다. 이런 친구들은 시간이 지나고 알면 알수록 괜찮은 사람들이라는 생각이 든다.

당신은 둘 중 어떤 사람이 되고 싶은가? 당연히 후자일 것이다. 전자가 되고 싶은 사람이라면 더 열심히 이 책을 읽기를 바란다. 바디마인드셋이 아직 저 밑에 있다는 소리니까.

그럼 바디마인드셋이 무엇인지, 어떻게 설치할 수 있는지에 대해 알아
보자.

2

바디마인드셋 마보 세우기

아래의 문장을 가능하면 메모해 두고 소리 내 따라 읽어보자.

'나의 몸은 나의 영혼이 깃들어 사는 터전이며, 존재 그 자체로 가치 있고 소중하다.'

바디마인드셋을 장착하기 위해 가장 먼저 해야 할 것은 우리의 몸에 대한 개념 정립이다. 우리는 몸을 하대해왔다. 남들과의 비교는 디폴트 값이고, 내 몸에 도움이 되지 않는 음식들을 욱여넣고, 툭하면 거울 속에 비친 나 자신을 깎아 내려왔다.

왜 그랬을까? 몸에 대한 개념이 잘못 정의되어 있기 때문이다. 몸은 아름다움을 위해 존재하는 것이 아니다. 몸의 제1 목적은 '영혼이 사는 터전'이다. 우리의 몸은 우리의 영혼이 잘 살아갈 수 있도록 소화기관, 호흡기

관이 제대로 작동하면 되는 것이다.

다쳤을 때 시간이 지나면 피가 알아서 굳고 세포가 다시 재생되며 살이 차오르는 것처럼. 추울 때 열을 내어 체온을 올려주는 것처럼 저마다의 기능을 잘 수행하기만 하면 되는 것이다.

그러나 미디어가 발달함에 따라서 우리는 몸의 제1 목적을 잊고 말았다. 그리고 미디어에 등장하는 '완벽한' 몸과 나의 몸을 비교하기 시작했다.

'어떻게 허리가 저렇게 얇지?'
'나는 왜 이렇게 허벅지에 살이 많을까?'
'나도 더 날씬해지고 싶어. 더 마르고 싶어.'

이제 집어치우자. 그리고 기억하자. 몸의 제1 목적은? 나의 영혼이 사는 곳. '내 몸은 그 자체로 가치 있고, 소중하다.' 이 말을 계속해서 되새기자. 이 말이 진심으로 받아들여지지 않는다면 다음 글을 읽지 않는 것이 좋다.

나의 몸에 대한 존중을 바탕에 깔아야 다이어트든, 외모 관리든 시작할 수가 있다. 십여 년간 해주지 못한 나의 몸에 대한 존중과 사랑을 이제는 시작해보자. 이것이 바디마인드셋을 탑재하기 위해 가장 먼저 해야 할 일이다. 나의 몸에 대한 존중과 사랑.

말이 쉽지, 솔직히 진짜 어렵다. 나도 몇 년이 걸렸다. 지금도 가끔 내 몸에 대한 혐오가 습관적으로 올라올 때가 있다. 하지만 바디마인드셋을 조금씩 키워가면 이런 순간들이 줄어들고, 내 몸을 사랑하는 순간이 많아지게 된다.

우리의 몸은 아름다움을 위해 존재하는 게 아니다. 늘 기억해야 한다. 우리 몸이 존재하는 이유는 영혼이 건강하게 잘 깃들어 살게 하고, 잘 자라나게 하기 위해서이다. 몸은 영혼을 담는 그릇이라는 것을 기억하자. 아름다움은 부차적인 기능일 뿐이다.

 Action

우리 몸의 제1 목적은 무엇인가요?

3

간단하지만 확실하게
바디마인드셋 까는 법

바디마인드셋도 결국에는 내 몸에 대한 무의식을 재정립해 가는 것이 핵심이다. 우리는 남의 몸은 그렇게 예뻐하고 부러워하면서 정작 내 몸에는 그렇게 해주지 못해왔다. 바디마인드셋을 깔면 외모 강박에서 자유로워질 수 있다.

나는 외모 강박과 남과의 끝없는 비교로 인해 오랜 시간 내 몸 혐오를 경험했다. 돌이켜 생각해 보면 오히려 다이어트를 하지 않고 만년 59kg으로 살아갈 때 내 몸을 더 사랑했다. 살이 빠지자 사람들의 시선이 달라졌고, 내 몸을 보는 나의 시선도 달라졌다. 평가의 시선으로 내 몸을 보기 시작한 것이다.

'허리 라인이 더 들어가면 좋겠어.'
'팔뚝살 덜렁거리는 것만 없으면 좋겠고.'

'승마살만 제거하는 운동은 없나?'

남들이 보기에는 충분히 예쁘고 마른 몸인데도, 나는 계속해서 '더, 더, 더!'를 원했다. 내가 나를 있는 그대로 인정하고 존중해주지 못했다.

그리고 그 시선을 남들에게도 그대로 옮겼다. 다른 이들의 몸도 내 마음대로 판단했다. 계속해서 나와 남을 평가하면서 사는 건 정말 피곤한 일인데도 불구하고 말이다. 바디마인드셋 없이는 다이어트를 해도 행복하지 않다.

그럼 어떤 바디마인드셋을 어떻게 깔아야 하느냐? 방법은 간단하다. 아래의 문장을 포스트잇에 1~2개씩 옮겨 써라.

'나는 내 몸을 아주 많이 사랑한다.'
'다이어트는 나를 사랑하는 방식이다.'
'몸이 더 가벼워지고 건강해진다.'
'나는 더욱 아름다워진다.'
'조금만 움직여도 지방이 활활 탄다.'
'내 몸은 필요한 영양소만 흡수한다.'
'배부르지 않아도 괜찮아.'
'나는 살이 쑥쑥 빠지는 체질이다.'

내가 바디마인드셋을 변화시키기 위해 가장 먼저 한 일이다. 바꾸고자 하는 바디마인드셋 문장을 찾아서 포스트잇에 적고, 그걸 온 집 안 구석구석에 붙였다. 무의식에 계속해서 주입하는 것이다. 내 몸 혐오 중에서도 가장 바꾸고 싶은 것을 찾고 그걸 바꿔줄 수 있는 문장을 찾아야 한다. 근데 웬만하면 위에 적어놓은 문장만으로 충분할 것이다.

한 줄 요약하겠다. 위에 적어둔 바디마인드셋 문장을 포스트잇에 적고 온 집 안에 붙이자. 그렇게 딱 3달만 살아보면 변화가 느껴지기 시작한다. 정말 신기하게도 내 몸 혐오를 멈출 수 있게 되고 내 몸을 있는 그대로 존중하고 사랑하게 된다. 포스트잇을 볼 때마다 상기되기 때문이다.

'아, 그렇지. 내 몸은 아주 소중해. 특별해.'
'맞아, 다이어트는 나를 사랑하려고 하는 거야.'
'나는 앞으로 더욱 더 건강하고 아름다워질 거야.'
'지금도 충분해. 노력하는 게 멋진 거지.'

이런 마인드로 다이어트를 해야 지속할 수 있다. 다이어트 = 즐거운 것, 나를 사랑하는 것이라고 뇌가 인식하기 때문이다.

Action

바디마인드셋 문장 최소 5개를 포스트잇에 옮겨 적으세요. 현관문, 전등 스위치 옆, 거울, 침대 머리맡 등 자주 보게 되는 곳에 붙여두세요. 볼 때마다 문장을 속으로 1번씩 읽으세요. 이 행동만 반복해도 바디마인드셋이 눈에 띄게 개선됩니다.

4

남자 친구, 남편 말고
○○과 스킨십해라

인간은 스킨십의 동물이라는 걸 보여주는 유명한 실험이 하나 있다. 해리 할로 교수의 원숭이 애착 실험. 출생 직후 새끼 원숭이를 생모로부터 분리하여 두 대리모가 들어 있는 우리에 들여보냈다. 한 원숭이 어미 모형은 따가운 철사로, 다른 어미 모형은 부드러운 테리 헝겊으로 만들어졌다. 철사 어미는 젖병을 통해 우유를 주지만, 헝겊 어미는 아무런 영양도 공급하지 않았다.

철사 어미가 기본적인 음식을 제공했음에도 불구하고 새끼 원숭이들은 천 어미와 함께 시간을 보내는 것을 압도적으로 선호했다. 새끼 원숭이들은 먹이가 필요할 때만 철사 어미에게 가고 그 외의 시간에는 젖도 나오지 않는 헝겊 어미에게 붙어 있었다.

왜일까? 그만큼 애착을 형성하는 데 있어 스킨십이 중요하기 때문이다.

원숭이들이 살을 맞대고 따뜻한 체온을 나눈 헝겊 어미에게 강한 애착을 느끼게 된 것처럼 인간도 다르지 않다.

실제로 인간의 뇌는 스킨십을 경험할 때 여러 긍정적인 변화를 경험하게 된다. 스킨십을 하는 인간의 뇌는 스트레스 호르몬인 코르티솔 수치가 줄어들고, 사랑의 호르몬이라 불리는 옥시토신과 세로토닌을 방출하게 된다. 이러한 스킨십은 주로 연인 또는 배우자처럼 밀접한 관계의 사람들과 나누게 된다.

나는 스킨십은 매우 좋은 것이라고 생각한다. 여러 긍정적인 효과들이 많기 때문에 연인 간에, 부부간에, 친구 간에, 부모와 자식 간에 등등 긴밀하고 신뢰가 있는 관계를 만들어 나갈 때 중요한 역할을 하는 게 스킨십이다. 그런 스킨십을 이제는 내 몸과 해보자. 우리가 가장 많은 스킨십을 경험하는 때가 언제일까? 신생아 때부터 유아기 정도까지이다.

이 시기에는 부모의 도움 없이는 생존이 불가하기에 먹고 자고 입는 모든 행동을 부모에게 의존해야 한다. 스킨십을 하면 늘 좋은 행동이 일어났다. 부모가 나를 만지면서 밥을 주고, 씻겨주고, 재워주고, 아프면 약을 주거나 병원에 데려갔다. 그렇기 때문에 우리의 뇌는 스킨십을 긍정적으로 인식할 수밖에 없는 것이다.

그런 스킨십을 이제부터는 '나 자신'과 해보자. 나 스스로 하는 스킨십도 타인과 하는 스킨십과 동일한 효과가 있다. 이제 성인이 된 우리는 더 이상 예전만큼 스킨십을 할 일이 없게 되었다. 연애할 때나 많이 하지 우리나라 부부의 대부분은 결혼하면 그마저도 많이 줄어드는 것을 경험한다. 그러므로 내가 나를 만져줘야 하는 것이다.

스트레스 받을 때, 우울할 때, 걱정될 때, 짜증 날 때, 화날 때, 힘들 때, 지칠 때 등 우리가 부정적인 감정을 경험할 때 나 자신을 어루만져주는 것은 큰 도움이 된다. 자신의 팔을 쓰다듬어보거나, 어깨를 톡톡 다독여보는 것을 추천한다. 마음이 진정되고 괜찮아질 때까지!

스킨십은 스스로 내 몸을 소중히 여기는 경험 그 자체가 된다. 만약 당신이 외모 강박으로 인해 고통을 받고 있거나, 자신의 외모에 만족을 잘하지 못하는 상황이라면 더욱 도움이 많이 되리라 본다. 스킨십을 통해 나 자신과의 애착 관계를 만들어가자. 오글거린다면 쇄골이나 손가락을 톡톡 두드리는 것부터 시작해보자.

5

성형할까? 말까?
고민 3초 만에 끝내는 법

대한민국은 성형 공화국이다. 좋게 말하면 의료 기술 발달이 소위 미쳤다는 소리다. 그리고 그렇게 될 수 있었던 이유는 그만큼의 성형 수요가 뒷받침되었기 때문이다. 요즘은 외국에서 성형을 하기 위해 한국으로 원정을 온다.

이 성형이라는 게 참 신기한 기술이다. 얼굴을 바꿀 수 있는 놀라운 기술. 쌍꺼풀이 없는 무쌍의 눈에 쌍꺼풀을 만들어주고, 콧대를 만들어주고, 턱을 깎아준다. 요즘엔 귀 성형도 가능하다고 한다.

그러나 늘 명심해야 할 게 있다. 성형에는 항상 부작용이 따를 수 있다는 사실이다. 유명 성형 정보 나눔 앱이나 광고만 봤을 때는 이런 생각이 들기에 십상이다. '와, 얼굴이 이렇게 변한다고?', '나도 해볼까?'

그러나 현실은 다르다. 늘 부작용의 위험이 있다. 물론 성형을 통해 나의 콤플렉스를 극복하고 또 외모가 업그레이드된다는 강력한 장점이 있지만, 몸에 칼을 대는 것이기에 신중해야 한다. 돌아올 수 없는 강을 건너는 것일 수도 있으니까.

그래서 어쩌라는 거냐고? 내가 하고자 하는 말은 성형이라는 도구를 '잘' 쓰자는 것이다. 얼굴을 쉽게 바꿀 수 있는 시대에 살고 있기 때문에 과거에 비해 성형을 쉽게 생각하는 경향이 있다. 하지만 정말로 성형을 잘 활용해서 자신감이 올라가는 경우도 많다.

그래서 딱 정해주려고 한다. 성형을 해도 괜찮은 때와 절대 하면 안 되는 때!

성형해도 괜찮은 때의 생각은 주로 다음과 같다. '내가 이 성형을 하지 않더라도 잘 살 수는 있지만! 약간 콤플렉스라 개선하고 싶어, 조금 달라지고 싶어.'

절대 안 되는 때는 다음과 같은 생각이 자주 들 때이다. '이것만 하면 나 너무 만족스러울 것 같아. 지금 내 ○○이 너무 마음에 안 들어!'

물론 의사의 역량과 어떤 성형을 선택하느냐에 따라 만족도가 달라질 것이다. 하지만 포인트는 '현재 나 자신을 사랑하고 있는가?'이다. 나를 충분히 사랑하고 있지 못할 때 성형을 선택하게 되면, 당분간은 만족할지 몰라도 또 곧 스스로에게 부족한 면을 찾게 된다. 그리고 다시 성형외과 상담을 신청하게 된다.

성형하기 전의 나도, 성형한 후의 나도 진심으로 내가 예뻐하고 좋아할 수 있을 때 하는 것이 좋다. 그래야 성형 중독에 빠지지 않고 콤플렉스 개선에서 멈출 수 있다.

성형에는 늘 부작용이 따를 수 있으므로 신중해야 하고, 나를 사랑해주지 못할 때는 성형외과를 가지 말자.

그런데도 고민이 된다면, 스스로에게 이렇게 질문해보자.
"무인도 가서 평생 혼자 산대도 그 수술 하고 싶어?"

사실 이 질문에는 거의 'No'라는 대답이 나오기는 한다. 그렇지만 이 질문을 해야 하는 이유는 자각하기 위해서다. 내가 성형을 하려는 이유에 남의 시선, 남의 평가, 남의 인정이 얼마나 영향을 미치는지 자각할 수 있다.

사실 저 대답에 'YES'가 나오면 심각한 외모 콤플렉스가 있을 확률이 높고, 그 부분에 대한 무의식 정화를 진행해야 한다. No가 나오든, Yes가 나오든 이 질문을 하게 되면 자신의 마음을 알게 된다. '그래도 진짜 하고 싶어.'라는 마음이 강하다면 상담을 최소 5곳은 가기를 추천한다. 상담을 받으면 실장들은 무조건 영업을 하기 때문에 성형하고 싶은 마음이 아마 강해질 것이다.

그리고 꼭 기억하자. 병원과 실장들은 절대 안 좋은 건 알려주지 않는다. 무조건 내가 알 수 없는 부작용, 변수, 어려움이 있을 거라는 걸 기억해야 한다. 분명 겪어봐야만 알게 되는 그런 어려움이나 변수가 있다. 사전에 철저한 조사를 해야만 변수를 줄일 수 있다.

성형할 병원을 정하는 실용적인 팁보다 중요한 것은 성형에 임하는 나의 태도이다. 나를 존중하고 사랑하는 자세로 임해야만 원하는 결과를 얻을 수 있다.

6

다이어트가 가장 잘될 때를
놓치지 마라

다이어트가 잘되는 때가 있다. 이상하게 잘되는 때. 딱히 큰 노력을 한 것도 아닌데 '뭐야? 살 왜 이렇게 빠졌지?' 하는 때. 보통은 생리 끝나고 2주 동안이 다이어트 황금기라고 한다. 생리하기 전 7일과 생리하는 동안인 7일은 호르몬의 노예가 되어 탄수화물을 찾게 된다. 그러므로 한 달 중 생리 전 7일과 생리일 7일을 제외한 2주가 그나마 다이어트를 하기가 낫다는 것이다.

하지만 그건 어디까지나 이론일 뿐, 실제로는 딱히 그렇지도 않다. 그리고 그때보다도 더 살이 쭉쭉 빠지는 사례가 있다. 첫 번째는 바쁠 때다. 몰두하고 있는 일이 있을 때, 뭔가 꽂혀 있는 게 있을 때, 스케줄이 바쁠 때 등이다.

이 시기의 공통점은 다이어트가 1순위가 아닐 때라는 거다. 다이어트보다 내 삶의 일, 목적, 방향이 1순위가 될 때 역설적이게도 다이어트가 가장 잘된다.

나는 다이어트를 정말 쉽게 해보기도 했고 어렵게 해보기도 했다. 정말 쉽게 했을 때가 1년에 12㎏을 감량했을 때인데, 이때는 딱히 다이어트에 큰 신경을 쓰지 않았다. '밥 반 공기만 먹자~' 하고 특별히 운동하거나, 단기 다이어트를 하지 않았다. 물론 급찐급빠를 하거나 다이어트 약을 먹지도 않았다. 그런데도 살이 정말 쭉쭉 빠졌다. 어떻게 그럴 수 있었을까?

이때의 나는 '여행'에 꽂혀 있었다. 이때 처음으로 혼자 장기 여행을 떠났고, 여행하는 것에 초점을 맞추고 있다 보니 다이어트에 큰 신경을 쓰지 않았다. 다이어트로 인한 스트레스가 없었다.

그러나 반대로 다이어트가 1순위였을 때는 아주 고통스러웠다. 보디 프로필을 준비하면서 살 빼는 게 정말 어려웠다. 물론 이때는 헬스도 시작했고, 지방량은 줄이면서 근육은 증량시켰기 때문에 난도가 상대적으로 높은 게 맞기는 하다. 근데 정신적으로 오히려 다이어트에만 매달리니까 훨씬 힘들었다. 매일 머릿속에 드는 생각이 '닭고야 잘 챙겨 먹어야지.', '운동 가서 체지방 태워야지.' 이런 생각뿐이었다.

물론 그렇게 열심히 운동하면서 몸을 만든 건 분명 값진 경험이라고 생각한다. 나의 한계에 도전할 수 있었던 기회이기도 했다. 그러나 절대로 추천하고 싶지는 않다. 특히나 운동 레벨이 낮은 초보라면 더더욱. 몸을 혹사하면서 건강을 깎아 먹어가면서 하는 다이어트는 의미가 없다.

두 번째로 다이어트가 잘되는 때는 '간절할 때'이다. 나는 다이어트 라이프스타일을 가지고 살아가는 사람이다. 그런 나조차도 다이어트가 잘될 때와 아닌 때가 있는데 그건 바로 간절함의 차이에서 시작된다. '정말로 살이 많이 쪘다! 내가 정해둔 기준을 넘어갔다!' 싶을 때는 각성하고 진짜 다이어트한다. 식단도 조절하고 운동량도 높이기 위해서 걸어 다니려고 한다. 근데 문제가 있다. 웬만해서는 잘 간절해지지 않는다는 것이다. 동창회나 결혼식, 연말 송년회 등의 모임 이벤트가 있어도 다이어트를 포기하는 경우들이 수두룩하다.

이래서 다이어트를 외재적인 동기로만 끌고 가면 안 된다. 분명히 한계가 온다. 다이어트는 내 삶을 행복하게 살아가기 위한 하나의 방법이다. 간절하지 않아도, 바쁘지 않아도 다이어트를 잘하면서 살아가려면 내재적인 동기가 필요하다. 나를 더 사랑하고자 하는 마음, 더 성장하고자 하는 마음, 더 건강해지고자 하는 마음이 필요하다.

마지막 세 번째로 다이어트가 잘될 때는 '같이할 때'이다. 그동안 해온 여러 다이어트 중 가장 효과가 좋았던 것이 바로 같이하는 다이어트였다. 혼자 하면 포기하게 된다. 나와의 약속을 어기는 것은 세상에서 제일 쉬운 일이기 때문이다. 하지만 나의 체면과 평판을 걸고 남과의 약속을 지키는 장치를 만들어두면 다이어트가 조금 더 수월해진다. 인간은 스스로 체면을 구기는 것을 무엇보다도 싫어하기 때문이다.

과거에 지인 및 팔로워들과 다이어트 챌린지를 기획해서 운영해 본 경험이 있다. 한창 코로나가 유행일 때라 신체 활동에 제약이 많았다. 그래서 홈트레이닝 위주의 다이어트 챌린지를 기획했고, 반응은 뜨거웠다. 이때 챌린지를 통해서 역대 최저 몸무게를 찍은 사람도 있었고, 이때 만든 운동 습관으로 지금까지 운동을 꾸준히 하게 된 사례도 있다. 이것이 같이의 가치다. 혼자일 때는 주저앉고 싶지만, 함께일 때는 한 걸음 더 나아갈 힘이 생긴다.

다이어트를 잘하고 싶다면 이 3가지 상황이 삶에서 연속적으로 일어나도록 설계하면 된다. 내 삶을 바쁘게 만들고, 내재적인 동기로 간절하게 만들고, 함께할 수 있게 만들면 된다. 이렇게 다이어트 환경을 세팅해두면 다이어트에 실패하는 게 이상하다.

3장

제3 법칙 '지'
- 독서와 글쓰기로 뇌를 활성화해라

몇 년 전『부의 추월차선』을 읽으며 이런 생각을 했다.

'이 책이 출판된 지 10년이 넘었는데, 과연 이 책을 읽고 부자가 되거나 성공한 사람은 몇 명이나 될까?'
'왜 누구는 성공하고, 왜 누구는 그대로일까?'

같은 환경이어도 누구는 성공하고 성장하지만, 누구는 불평불만 하며 살아간다. 왜 그럴까? 여기에는 일차적인 이유 1가지와 더 근본적인 이유 1가지가 있다. 만약 당신이 그동안 책을 아무리 읽어도 삶이 그대로였다면, 이 글을 계기로 치열한 분석을 시작해야 한다. 그래야만 원하는 삶을 살 수 있다.

1차 요인은 실행력이다. 같은 책을 읽어도, 가지고 있는 실행력에 따라 결과는 천양지차가 된다. 누구는 책을 통해 얻은 영감을 곧바로 행동으로 옮기고 누구는 한두 번 생각하고 미루다가 결국 잊어버린다. 이들의 가장 큰 차이는 실행력이다. 같은 부동산경매 책을 읽어도 어떤 사람은 실제로 입찰해서 낙찰까지 받고 수익을 내지만, 어떤 사람은 10년 넘게 공부만 한다. 애써 얻은 지식을 활용하지 않고 머릿속에 쌓아두기만 하면 무슨 소용이 있겠는가? 지식을 쌓아두기만 하고 활용하지 않는 것은 너무나 안타까운 일이다.

그럼 이 실행력이라는 건 대체 뭘까? 왜 누구는 실행력이 좋고 누구는 실행하지 못할까? 그동안 많은 고객을 상담하면서 실행력에 가장 결정적인 영향을 미치는 요인을 발견했다. '이것'이 많은 사람일수록 실행을 잘하지 못한다. '이것'을 극복한 사람일수록 실행이 빠르다.

바로 심리적 장벽이다. 심리적 장벽은 우리가 어떤 행동을 하고자 할 때 아래와 같은 형태로 나타난다.

'근데 그게 지금 과연 꼭 필요할까?'
'만약에 했다가 안 되면 어떡하지?'
'내가 잘할 수 있을까?'
'시간만 버리게 되면? 남들이 뭐라고 생각할까?'

주로 실패에 대한 두려움, 손실을 회피하고자 하는 편향, 타인의 시선을 의식하는 경향들이 우리의 실행에 브레이크를 건다. 우리가 책을 아무리 많이 읽어도 변화하지 못하는 것은 바로 이것 때문이다. 우리 스스로가 자신의 변화에 제약을 걸고 있다. '너는 아직 준비가 안 됐어.'라며 출발을 늦추고 있다.

심리적 장벽이 많은 사람일수록 새로운 것에 도전하지 못하고, 실행하지 못한다. 그리고 실천하지 못하는 자신을 탓하고 상처 내지만 그렇게 상처를 내기 때문에 더더욱 시작할 수 없다. 왜? 안 될 것 같기 때문이다. 독서를 통해 삶을 바꾸고 싶다면 우리가 자신에게 쳐둔 울타리부터 허물어야 한다.

'넌 안 될 거야.' → '난 뭐든 잘해왔어.'
'아직 준비가 안 됐어.' → '지금이 시작하기 딱 좋은 때야.'
'망하면 어떡하지?' → '플랜 B로 넘어가면 돼.'
'남들이 뭐라고 생각할까?' → '날 믿고 사랑해주는 사람들이 훨씬 많아.'

이렇게 심리적 장벽을 잘 제거해 온 사람일수록 독서를 통해 삶을 변화시킬 수 있다. 실행력에서 압도적인 차이가 나기 때문이다.

1

최악의 독서 습관 3가지

나는 책을 좋아하지 않는 사람이었다. 나에게 책 읽기란, 학창 시절 의무적으로 해야 하는 의미 없는 행위였다. 그 시절 나는 독서로부터 어떠한 가치를 느껴본 적이 없었다. 그나마 어린 시절 좋아했던 건 만화책 읽기가 전부였다. 만화책마저 보지 않았다면 문해력에 큰 구멍이 났을 것이다.

어른이 된 후에는 더욱 책을 가까이할 이유가 없었다. 대학생이 된 후 '자유'라는 것이 생겼고 그 자유는 책과 거리를 멀어지게 했다. 그랬던 내가 이제는 1년에 100권이 넘는 책을 읽는다. 매일 액션 독서를 하고 곧바로 실행에 옮길 것을 찾는다.

나는 그 누구보다 자신 있게 말할 수 있다. 내 인생을 바꾼 것은 독서다. 책과 독서, 글쓰기가 없었다면 나는 지금처럼 내가 원하는 시간에 일하고 직장인들보다 많은 월급을 벌며 내가 원하는 일을 할 수 없었을 것이다.

습관처럼 책 읽고 글을 쓰는 것은 나에게 많은 변화와 도움을 주었다. 그러기 위해서 우리의 뇌에서 제1번으로 바꿔야 하는 인식은 바로 '독서는 재미없다.'이다.

우리는 도파민 세상에 살고 있다. 이제 사람들은 긴 동영상을 잘 소비하지 않는다. 더 짧고, 더 재밌고, 더 즉각적인 콘텐츠를 원한다. 이런 세상의 흐름 속에서 독서는 뒷전이 될 수밖에 없다. 거기에 '독서는 재미없는 것'이라고 인식하고 있는 우리의 뇌까지 더해진다면 21세기를 살아가는 인간은 정말로 독서를 할 이유가 없게 되는 것이다.

그러므로 지속 가능하고 유의미한 독서를 하기 위해 가장 먼저 우리 뇌 속에서 바꿔야 할 명제는 '독서는 재미없다.'가 되는 것이다.

그럼 어떻게 해야 독서를 재미있는 것으로 인식하게 될까? 그러기 위해서 우리는 3가지 강박을 버려야 한다. 우리가 받아온 독서 교육은 우리를 책 읽는 인간으로 자라게 하지 않았다. 책 읽으면 피곤해지는 인간으로 크게 했다.

독서의 즐거움을 느끼고 독서 습관을 생활화하려면 잘못된 교육에서 형성되어온 강박부터 인지하고 제거해나가야 한다.

첫 번째는 완독 강박이다. 우리는 책을 읽을 때는 '끝까지' 읽어야 한다고 배웠다. 많은 이들이 책 읽기를 쉽게 시작하지 못하는 이유가 바로 완독 강박 때문이다.

'하, 언제 다 읽지.', '지루할 텐데…. 재미없지만 읽어야겠지?' 이런 생각들이 우리의 무의식에 형성돼 있다. 이런 생각들을 무찌르고 책을 펼쳐야 하는 것이다. 책 읽기의 난도가 올라갈 수밖에 없다. 그러나 이런 생각들이 사라진다면? 완독 강박을 버리면 어떻게 될까? 책 읽기의 난도가 급격하게 낮아진다.

300페이지짜리 책을 읽으려고 하면 스트레스 받지만 3페이지만 읽는다고 생각하면 '그 정도는 할 수 있지.' 하게 된다. 그리고 읽게 되는 것이다. 완독 강박부터 버려야 한다. 반드시 책을 끝까지 읽어야 하는 것이 아니다. 책은 저자의 생각, 경험, 지식을 길게 풀어둔 매체이고 우리는 그중 나에게 필요한 부분을 취하면 된다.

두 번째는 정독 강박이다. 정독 강박은 모든 글자와 문장을 하나하나 정독하고 완벽히 이해해야만 다음으로 넘어갈 수 있다고 생각하는 것이다. 물론 정독을 하면 책에 대한 이해도가 높아지면서 한층 깊이 있는 독서 사고를 할 수 있게 된다.

그러나 누군가에게는 이 정독 강박이 독서를 포기하게 되는 이유가 되기도 한다. 정독을 하다 보면 자연스레 집중력이 소진되고 재미가 떨어지게 되기 때문이다. 그럼 정독을 하지 말라는 것인가? 그게 아니다. 책의 모든 문장, 모든 구절을 정독해야 한다는 강박에서 벗어나는 것이 포인트다.

보통은 책을 읽는 목적에 따라 책 읽는 속도가 달라진다. 내가 설정한 목적에 따라 발췌독을 할 건지 정독을 할 건지 그때그때 필요한 전략을 취하면 된다. 그리고 책 1권 안에서도 필요한 부분은 정독, 넘어갈 부분은 속독하는 전략을 쓸 수 있다. 이렇게 정독과 속독, 발췌독을 내가 원하는 목적에 맞게 사용하면 정독 강박에서 벗어나게 되고, 책을 읽는 재미가 올라온다.

세 번째는 시간 강박이다. 어린 시절 학교에서 '선생님, 다 읽었어요.' 하면 '벌써? 그다음 쪽도 읽었니?' 이런 답변이 돌아왔다. 우리는 은연중에 나도 모르게 독서는 길게 해야 한다고 생각하고 있다. 최소 30분에서 1시간 정도는 책을 읽어야 '제대로' 읽은 것으로 생각한다.

이 시간 강박도 우리가 독서를 지속하지 못하는 결정적인 이유가 된다. 어떤 행동을 1시간 이상 지속하는 것은 상당한 노력과 경험치가 필요하다. 당장에 러닝만 해도 1시간 동안 지치지 않고 하려면 많은 준비가 필요하다. 물도 챙겨야 하고, 러닝 가방도 있어야 하고, 러닝에 맞는 옷차림도 찾아야 하고, 코스도 생각해야 한다. 근데 러닝을 딱 5분만 하자, 라고 생각하면 어떨까? 별다른 준비 없이 바로 밖에 나가기만 하면 된다.

독서도 같은 이치이다. 독서를 길게 하려고 하므로 독서가 어렵고 재미없게 느껴지는 것이다. 그러나 오늘 하루 딱 5분, 딱 10분만 해야지 하고 마음먹으면 쉽게 실천하게 되고 그 행동을 내일도 이어서 할 수 있게 된다.

이 3가지 강박에서 벗어나게 해주는 독서법이 있다. 바로 액션 독서이다. 액션 독서는 우리가 기존에 가지고 있던 독서에 대한 편견, 독서에 대한 사고방식을 완전히 역행한다.

그냥 독서는 재미없지만 액션 독서는 재밌다. 꾸준히 할 수 있게끔 독서법을 설계했기 때문이다. 액션 독서에 대해서는 다음 장에서 자세히 설명하겠다.

Action

내가 가지고 있던 강박들을 찾아보고 어떻게 해결할 수 있을지 적어보세요.

1권 읽을 때마다 100만 원 이상의
가치를 얻는 독서법

우리가 책을 읽는 이유가 무엇일까? 재밌으려고, 지식을 쌓으려고, 동기부여 등 여러 이유가 있다. 이왕 책을 읽을 거라면 그것이 내 삶에 도움이 되어야 하고, 이왕이면 더 큰 가치를 창출하도록 만들어야 한다.

지금부터 소개할 독서법은 평범한 직장인이었던 나를 사업가로 거듭나게 해주었고 나의 수입을 10배 늘리는 데 결정적인 역할을 했다. 3년간 직접 실행해보고 또 다른 사람들과 함께 테스트해보면서 얻은 최적의 결과물이다.

액션 독서법 5원칙을 펜으로 메모하고, 당장 오늘부터 실행해야만 그 효과를 200% 볼 수 있다. 액션 독서는 이름에서도 알 수 있듯이 독서하고 바로 실행을 하는 것이 목적이다. 포인트는 '바로 실행'이다. 독서를 그냥 '읽는 행위'에서 끝내는 것이 아니라 실질적인 '행동'으로 옮기는 것이다.

액션 독서를 매일 실천하게 되면 매일 1가지의 실행이 쌓이게 된다. 매일 행동하는 사람이 되는 것이다. 나의 행동이 달라지면 → 나의 삶의 패턴이 변하고 → 작은 변화들이 생기면서 → 큰 변화가 오게 된다. 액션 독서가 삶을 변화시킬 수밖에 없는 로직이다.

한 가지 주의할 점은 일회성으로 끝나서는 안 된다는 것. 그러나 액션 독서는 애초에 일회적으로 끝나지 않도록, 다음 날 할 수 있도록 설계했기 때문에 정말로 스스로 변하고자 하는 의지가 있는 사람이라면 누구나 당장 해볼 수 있는 독서법이다.

액션 독서 5원칙은 다음과 같다.

1. 무의식에 새길 문장은 필사한다

우리가 독서를 하는 가장 큰 이유는 우리 사고의 폭을 넓혀가기 위함이다. 그러기 위해서는 새로운 아이디어를 접하면서 나만의 사고 체계를 만들어가야 한다. 이때 도움이 되는 것이 필사. 책을 읽다 보면 '너무 좋은 문장'들을 만나게 된다. 두고두고 기억하고 싶고, 머릿속에 남겨두고 싶은 그런 문장들. 그 문장들이 바로 무의식에 새길 문장이다. 이 문장을 꼭 필사하자. 액션 독서를 할 때는 늘 펜이 필요하다. 펜과 함께 별도의 필사 노트를 만드는 것을 추천한다. 나중에 이 필사 노트를 펼쳐보면 내가 나를 어떻게 성장시켰는지 그 과정을 다 볼 수 있다.

2. 펜으로 생각을 확장한다

읽기만 해서는 사고 체계가 넓어지지 않는다. 비판적 사고력과 창의적 사고력을 동시에 키우는 방법이 바로 펜으로 생각 확장하기이다. 책을 수동적으로 읽어서는 안 된다. 책 읽는 행위는 주체적이고 능동적이어야 한다. 책에 적힌 내용들을 곧이곧대로 받아들이는 게 아니라, 나의 생각을 덧붙이는 훈련이 필요하다. 그 과정에서 사고력이 길러진다. 필사하면서 자연스럽게 옆이나 밑에 내 생각을 적어보자. 어떤 생각이든 좋다. 정말 쓸데없고 보잘것없다고 느껴지는 생각도 펜으로 남기다 보면 거대한 아이디어의 씨앗이 되기도 한다. 얼마나 작은 것까지 써야 하냐면, 나는 이런 것도 쓴다.

'나는 이렇게 해본 적이 없는데….'
'이게 뭔 말이지?'

이런 사소한 생각도 적어나가는 연습이 필요하다. 그래야 내 생각을 글로 표현하는 데 익숙해지기 시작한다. 이게 바로 글쓰기 훈련이다. 펜으로 생각을 확장하는 연습을 하다 보면 자연스럽게 글쓰기 실력도 올라간다.

3. '~해봐야겠다'를 찾는다

액션 독서의 꽃은 액션이다. 필사하고 펜으로 생각을 확장하다 보면 '어, 나도 이거 한번 해볼까?' 하는 아이디어가 떠오르게 된다. 이 '~해봐야겠다'를 찾는 것이 펜으로 생각 확장하기 단계의 목표다.

4. 작은 단계로 분해해 지금 당장 할 일을 찾는다

시도해 보고 싶은 것을 찾았다면 작은 단계로 분해해야 한다. 난도를 낮추기 위한 작업이다. 그래야 지금 당장 할 수 있게 된다. 예를 들어 '나도 부동산 공부 한번 해봐야겠다'를 찾았다면, 이 행동을 작은 단계로 분해해 보는 것이다. 부동산 공부를 하려면? 일단 어디서 어떤 공부를 할지를 결정해야 한다. 그러려면 부동산 공부에 대한 정보를 수집해야 한다. 어디서 수집하지? 아 유튜브에다 검색해봐야겠다! → 우리의 지금 당장 할 일은 유튜브에 부동산 공부 검색하기가 되는 것이다. 이렇게 지금 당장 할 수 있을 정도의 난이도가 될 때까지 분해하는 것이 핵심이다.

5. 한계를 느낀다면 망설임 없이 책을 덮는다

액션 독서는 재미가 있어야 한다. 우리의 뇌는 단순해서 재미있는 것을 좋아하고, 재미있는 것만을 하고 싶어 한다. 그래서 독서가 재미있으려면, 재미있을 때 그만둬야 한다. 그래야 뇌가 '그래, 독서는 재밌는 거지.'라고 인식하게 된다. 어떤 음식이든 계속해서 반복적으로 먹다 보면 질리게 되는 것처럼, 모든 일에는 재미 곡선이 존재한다. 이 재미 곡선을 잘 활용하면 나에게 도움이 되는 습관을 만들어갈 수 있다. 독서도 마찬가지다.

독서의 재미 곡선이 꺾이기 전에 독서를 멈춰라. 이제 더 이상 재미가 없는데? 머리에 잘 안 들어오는데? 하는 순간이 오면 망설이지 말고 책을 덮어야 한다. 그래야 내일 다시 책을 펼 수 있게 된다. 여기서 욕심을 부려서 '아이, 그래도 30분은 채워야지.' 하고 억지로 읽게 되면 높은 확률로 그다음 날 책을 읽지 않게 된다.

액션 독서에서 가장 중요한 순간이 바로 이 책을 덮는 순간이다. 책을 덮는 순간, 스스로 찾은 행동을 곧바로 실행해야 한다. 독서가 곧바로 액션으로 이어지는 순간이다. 이 순간에 성장한다. 실행하는 순간, 나는 '한다면 하는 사람'이 되기 때문이다.

시간은 딱 10~20분 정도가 적당하다. 오랜 시간 책을 읽는 것은 독서 레벨이 아직 초보 단계라면 추천하지 않는다. 시간이 길어질수록 재미는 떨어지고, 재미가 떨어지면 내일 책을 다시 읽고 싶어지지 않기 때문이다. 우리가 원하는 건 '지속성'이다. 지속적으로 꾸준히 책을 읽고, 필사하고, 글을 쓰면서 두뇌를 서서히 깨워야 한다.

너무나 간단하고 명료한 5원칙이라 곧바로 이해가 되고, 바로 실행할 수 있다. 모든 원칙은 타당한 근거와 이유를 바탕으로 세워졌다. 지금 바로 실천해보자.

 Action

이 책으로 액션 독서를 실천해보세요.

3

글쓰기로 돈 벌기 위해
길러야 할 능력

    혹시 글쓰기를 좋아하는가? 즐기는가? 아마 90%의 사람들은 '…' 이런 반응을 보였을 것이다. 나 또한 그런 사람 중 하나였다. 우리나라 교육은 '진짜 글쓰기'를 시키지 않는다. 글쓰기라고 해봤자 초등학교 때 일기 쓰기랑 독서 기록 쓰게 하는 정도인데 이마저도 상당히 수동적인 글쓰기에 속한다. 정말로 내 생각을 표현하는 글쓰기가 아니라 형식적인 글쓰기를 시킨다.

    그런 교육을 받으며 자라온 우리는 생각을 글로 표현할 일이 없다. 생각을 글로 표현하는 때는 카톡 보낼 때뿐이다. 그러다 보니 글쓰기는 너무나 어렵게 느껴지곤 한다. 그리고 근본적으로 글을 왜 써야 하는지에 대해 생각해본 적도 없고, 관심도 없다.

    과거의 나도 글쓰기가 삶에 왜 필요한지 몰랐다. 글쓰기는 문인들이나,

기자들이나, 작가들이 하는 것이고 타고난 재능이나 능력이 있어야 한다고 생각했다. 그러나 돈 공부와 사업을 시작하면서 나의 기존 관념은 완전히 잘못된 것임을 깨닫게 되었다.

우리가 사는 이 세상은 글쓰기가 돈이 된다. 글쓰기는 돈을 벌 수 있는 핵심 능력이다. 이 세상에 글을 제대로 쓰는 사람이 몇 퍼센트나 될까? 글을 쓰지 않는 사람이 90% 이상이다. 글을 쓴다는 행위 자체가 일단 장벽이 높고 어렵기 때문이다. 그래서 글쓰기를 하면? 내가 10%가 될 확률이 높아진다.

그러나 모든 글쓰기가 돈을 벌어다 주지는 않는다. 사람의 마음을 움직이고, 지갑을 열게 하는 글쓰기는 확실히 따로 있다.

콘텐츠 사업을 운영하면서 수많은 글을 썼다. 그중에는 사람들의 반응이 오는 글과 그렇지 않은 글들이 있었다. 그렇다면 사람들이 반응하는 글은 무엇이며, 글쓰기를 어떻게 해야 사람들이 나를 좋아하고 나의 가치가 올라가기 시작할까? 그 비밀을 풀어보려 한다.

˚ㅂㅇ 능력

비밀인데 너무 바로 알려주면 멋이 없으니 초성 퀴즈를 좀 내보겠다. 이 능력만 있으면 글쓰기는 잘할 수밖에 없게 된다. 글쓰기뿐만이 아니라 나아가 마케팅과 세일즈까지 잘하게 된다.

바로 `빙의 능력이다. 상대방의 마음을 얼마나 잘 읽을 수 있는가? 상대방의 문제를 얼마나 잘 알고 있는가? 상대방이 글을 읽으면서 느낄 감정을 느낄 수 있는가?

말 그대로 글을 읽는 대상의 입장이 될 수 있는 능력이다. 역지사지라고 해도 무방하겠지만, 내가 전달하고자 하는 느낌을 빙의라는 단어가 가장 잘 표현해준다.

고객의 지갑을 열게 하려면 고객의 마음을 알아야 한다. 그래서 빙의 능력은 모든 돈 벌기의 기초이자 핵심이다. 고객의 마음을 모르는 상태에서 그저 내 물건, 내 서비스만 판매하려고 하면 고객은 귀를 열지 않는다. 도망가버린다.

물론 우리가 이 빙의 능력을 제대로 활용한 글쓰기를 하려면, 내가 글을 쓰는 이유와 목적이 먼저 선정이 되어야 하고! 거기에 따른 독자층, 핵심 타깃이 정해져야 한다. 어렵게 생각하지 말고 이렇게 정리해보자.

'내가 전하고 싶은 메시지는 무엇인가?'
'그 메시지가 필요한 사람은 누구인가?'
'그들은 어떤 문제를 겪고 있으며 어떤 것을 얻고 싶은가?'

위 질문에 대한 답을 브레인스토밍하듯이 써 내려가다 보면 상대방이 나에게 원하는 것, 내가 그들에게 줄 수 있는 것을 찾을 수 있다.

Action

위 3가지 질문에 답을 적어보세요.

4

평범한 직장인을
베스트셀러 작가로 만들어준 3분 비결

이 책을 읽는 당신에게 글을 쓰는 것이 일상이 되기를 바란다. 글쓰기를 생활화하고 습관화할수록 당신이 바라는 미래가 빠르게 다가올 것이기 때문이다. 글쓰기는 강력한 도구다. 내가 가진 지식, 경험, 노하우를 콘텐츠로 만들어 나를 찾는 사람들이 많아지게 할 수 있다. 돈을 벌고자 하는 모든 일의 기반이 되는 것이 바로 글쓰기이다.

흔히들 글쓰기가 돈이 되지 않는다고 생각하지만, 전혀 아니다. 당장에 블로그 글쓰기만 해도 돈이 된다. 유튜브도 사실은 전부 글쓰기가 기반이다. 보통 유튜브 영상을 기획할 때에는 대본을 먼저 쓰기 때문이다. 하다못해 나만의 전자책을 만들어 파는 것 또한 글쓰기가 바탕이다. 글쓰기는 이 세상에 나를 알리고, 나의 콘텐츠를 좋아하는 팬을 만들 수 있는 가장 빠른 방법인 것이다. 당신이 가지고 있는 스토리와 콘텐츠를 세상에 알려 사람들이 당신의 제품이나 서비스를 구매하게 하는 강력한 도구가 글쓰기다. 그러므로 글쓰기 훈련을 빠르게 시작할수록, 빠르게 레벨을 높일수록 누릴 수 있는 이득이 많아지게 된다.

과거의 나는 이 사실을 깨닫고 고민하기 시작했다. 어떻게 해야 글쓰기라는 강력한 도구를 나의 것으로 만들 수 있을까? 여러 탐색 끝에 '1가지 방법'을 찾아냈고 반복적으로 실천했다. 노력이 쌓여가자 사람들이 반응하기 시작했고 팬이 생겨나기 시작했다. 나에 대해 더 궁금해하는 사람들이 생겼다. 나는 이론과 실제 경험을 통해 '이 방법'이 가장 확실하게 글쓰기 실력을 높이는 비법이라는 것을 검증했다.

바로 필사다. 3년 전 언젠가 세상에 내 책을 출판하겠다는 꿈이 생긴 뒤, 나는 자연스럽게 필사를 시작했다. 당시 나는 글쓰기에 자신이 없었다. 평소 글을 써본 적도 없을뿐더러, 글쓰기를 잘한다는 게 뭔지도 사실 잘 몰랐다. '그럼 그냥 잘 쓰는 사람들 문장을 따라 쓰자!' 그렇게 생각하고 책을 읽을 때 필사하는 습관을 들이기 시작했다. 그렇게 3년간 이어온 필사 습관은 나의 글쓰기에 엄청난 자양분이 되었다.

필사는 검증된 글쓰기 훈련법이다. 『글쓰기가 필요하지 않은 인생은 없다』의 저자이자 베스트셀러 작가인 김애리 작가는 이렇게 말했다. '글쓰기에 자신이 없는 사람에게도 필사는 좋은 공부다. 천천히 따라 쓰는 과정에서 작가의 문장력과 표현력, 작품 내용, 구성 등 많은 것이 저절로 습득되기 때문이다.' 그 외에도 팀 페리스, 맬컴 글래드웰, 수전 올리언 등 수많은 베스트셀러 작가들이 필사의 중요성에 관해 이야기한다.

처음부터 나 스스로 창조해내는 글을 쓰려고 하면 막막하다. 어디서부터 시작해야 하지 싶다. 바로 이 부분이 필사 훈련이 도움이 되는 지점이다. 필사 훈련을 하다 보면, 나만의 문체가 생긴다. 사용하는 어휘의 범위도 넓어지고, 글의 구조도 파악하게 된다. 글쓰기를 시작하는 가장 쉬운 방법은 단연코 필사다.

거기에 필사는 마음 수련의 기능도 있다. 스트레스 받는 일이 있을 때, 답답할 때, 우울할 때, 불안할 때, 화날 때, 걱정될 때 나의 마음을 씻어 내려갈 수 있는 문장들을 필사하다 보면 마음이 잔잔해진다. 생각과 감정은 사라지기 때문이다. 이런 효과 때문에 필사는 스트레스, 좌절, 우울증, 불안, 분노 또는 걱정을 겪고 있는 모든 사람에게 도움이 된다.

필사는 집중이 필요한 반복적인 작업을 통해 마음을 진정시켜 준다. 이는 감정이 생각을 압도할 때 특히 유용하다. 긍정적인 에너지를 주는 문장을 필사함으로써 마음에 공간을 만들 수 있다. 의미 있는 구절을 적는 행위가 명상의 한 형태가 되어 부정적인 생각과 감정을 씻어내는 데 도움이 된다.

이렇듯 '지금 당장 글쓰기로 돈 벌어야지.' 하는 생각이 없더라도 필사를 할 이유는 충분하다. 오늘부터 필사를 해보자.

내가 본받고 싶은 작가의 책, 감명 깊게 읽은 책, 따라 하고 싶은 문체의 책 등 필사할 책을 1권 선정하고, 나만의 필사 노트를 만드는 것을 추천한다. 나는 주로 독서를 하다가 마음에 드는 구절들을 노트에 기록해 두는 편이다. 이렇게 한 문장 두 문장 쌓아가다 보면 글쓰기 실력은 늘어날 수밖에 없다.

 Action

필사할 책을 정하고, 마음에 드는 문장을 딱 10분만 필사하세요.

5

팬을 만드는 글쓰기의 원칙

팬 1,000명만 있으면 평생 먹고살 걱정을 안 해도 된다는 말을 들어본 적이 있는가? 이 말이 적용되지 않는 분야는 없다. 애플이 그토록 강건하게 자리 잡은 이유는 팬층이 두껍기 때문이다. 연예인만 봐도 그렇다. 아무리 인기가 없는 연예인이더라도 진짜 팬 1,000명만 있으면 잘 먹고 잘산다. 만약 당신이 직장인의 삶이 아닌, 사업자나 기업가, 인플루언서의 길을 가고자 한다면 팬 만들기는 필수다.

그러면 사람들은 어떤 것에 반응하고 열광할까? 유튜브와 블로그를 운영해오면서 얻은 나의 비결을 바탕으로 팬 만드는 글쓰기 원칙을 소개하겠다.

쉽게, 짧게, 명료하게. 내가 반드시 지키는 원칙이다. 나는 어떤 글을 쓰든지 간에 쉽짧명을 어기지 않는다. 사실 쉽짧명을 시작하게 된 이유는 간단하다. 내가 긴 글을 좋아하지 않기 때문이다. 나는 집중력이 그리 길지 않은 편이기 때문에 긴 글, 긴 문장을 좋아하지 않는다. 뇌가 식어버린다. 그리고 요즘은 나처럼 짧은 콘텐츠를 좋아하는 사람들이 점점 많아지고 있다.

글을 읽는 것은 오직 인간만이 하는 행위다. 매우 고차원적인 사고 기능인 것이다. 글을 읽는 행위 자체에서 이미 많은 에너지를 소모하게 되는데, 글이 어렵다? 읽을 이유가 없어진다. 더 쉬운 글을 찾아 나서게 된다. 그러므로 글은 무조건 쉽게! 짧게! 명료하게 써야 한다.

첫 번째, 쉽게 쓰는 방법은 간단하다. 흔히 초등학생도 읽고 바로 이해할 수 있는 수준으로 글을 써야 한다고들 한다. 맞는 말이다. 여기서 좀 더 세부적인 가이드를 제공하자면, 어려운 낱말들을 빼는 것이다. 우리가 일상 대화에서 잘 사용하지 않을 법한, 난도 있는 단어들은 전부 교체하자. 방금 이 문장에서도 수정할 부분이 있다. 무엇일까? 교체이다. 교체 → 바꾼다로 바꿔주는 것이 좀 더 읽기 쉬워진다.

또 쉽게 읽히려면 문장 간의 논리 관계가 명확해야 한다. 이 문장 뒤에 이 문장이 왜 나왔는지 바로바로 이해가 되어야 한다는 것이다. 전혀 뜬금없는 문장이 등장해버리면 사람들은 '내가 뭘 놓쳤지?' 하면서 다시 앞으로 돌아가 읽는다. 그렇게 두 번 에너지를 쓰게 하는 순간 어려운 글이 되어버리면서 나에게서 이탈할 확률이 생긴다. 이런 불상사를 방지하기 위해서는 문장 간의 논리 관계 조직은 필수이다. 어렵게 생각할 필요는 없다. 보통 문장 간의 논리 구조는 다음과 같다.

주장 - 근거, 비교 및 대조, 나열, 분류, 정의, 분석 등 여러 가지가 있는데 이것만 기억하면 된다. '말이 이어지는가?' 독자 입장에서 말이 되고 이어지기만 한다면 어떤 방식으로 글을 전개하든 상관없다.

두 번째, 짧게 쓰는 것은 조금만 훈련하면 쉽게 터득할 수 있다. 나는 한글 기준, 모든 문장을 한 줄 반을 넘어가지 않게 쓰려고 한다. 문장이 2줄 이상으로 길어지면 눈에 잘 안 들어온다. 눈에 들어오는 문장들은 짧은 문장들이다. 이 사실만 기억하면 된다. 쓸데없는 말들을 늘어놓으며 글을 길게 쓰는 경우들이 종종 있다. 보통 이는 글쓰기에 자신이 없는 경우이다. 자신이 없으므로 길게라도 쓰려고 하는 마음이 생긴다. 그러나 오히려 역효과만 난다. 나의 구구절절한 긴 글을 읽어줄 인내심 많은 사람은 없다는 사실을 기억하자.

마지막으로 사람들이 가장 어려워하는 것은 '명료하게' 쓰는 것이다. 90%의 사람들은 글을 추상적으로 쓴다. 추상적인 문장을 구체적이고 명료한 문장으로 바꾸는 훈련을 해야 한다. 방법은 쉽다. 숫자를 붙이거나 오감이 들어간 묘사를 하거나 눈에 보이도록 만들어주면 된다. 핵심은 '눈에 보이게' 만드는 것이다.

우리 뇌는 추상명사를 이해하지 못한다. 따라서 글을 읽었을 때 마치 장면이 눈에 보이는 것처럼 써야 한다.

'사랑' vs '연인이 부둥켜안고 우는 장면'

어떤 장면이 더 머릿속에 잘 그려지는가? 우리는 모든 글을 후자처럼 써야 한다. 첫 번째 원칙, 쉽짧명만 지켜도 가독성이 높아지고, 내 글을 끝까지 읽는 사람들이 많아진다. 쉽짧명은 팬들이 나의 글을 지속적으로 소비하게 만드는 기술이다. 팬을 만드는 글쓰기의 하드웨어라고 이해하면 된다.

2. 1글 1메시지

글에는 늘 메시지, 주장이 있어야 한다. 그것이 팬을 만드는 비결이다. 정보를 주는 글만 발행해서는 나의 팬을 만들 수 없다. 글 1개당 반드시 1

개의 메시지가 있어야 한다.

그래서 나는 글을 쓸 때 주장을 먼저 정해둔다. 주장과 주제를 잡아두고 서론, 본론, 결론을 어떻게 풀어갈지 구조를 기획한다.

주장이 들어가는 순간 글쓰기가 쉬워진다. 계속 근거만 대면 되기 때문이다. 근거는 여러 가지가 될 수 있다. 나의 경험, 지식, 생각 또는 객관적인 데이터들이다.(기사, 통계, 뉴스, 논문, 인용문, 명언 등)

이렇게 기본 구조를 주장 – 근거로 가져가면 쉽게 팬을 만드는 글쓰기를 시작할 수 있다. 대부분의 사람은 주장을 내세우지 않고 살아가기 때문이다. 자신만의 생각이 있다 하더라도 머릿속에 둥둥 떠다니는 수준이다. 그런 생각을 정리하고 자신만의 주장을 만드는 것부터가 시작이다. 주장이 없으면 팬은 모이지 않는다. 사람들은 주장이 강한 사람에게 관심을 보이기 때문이다. 강력한 나만의 주장을 만들어 계속 이야기하면 사람들이 듣기 시작한다.

3. 가장 중요한 건 나의 스토리

사람들이 디즈니에 열광하는 이유는 다름 아닌 스토리다. 요즘 사람들은 더더욱 스토리, 서사를 좋아한다. 연애 프로그램의 동향을 봐도 '서사가 있는' 커플들이 인기가 많다.

스토리는 불패다. 인간은 이야기에 약하다. 원시시대부터 그랬다. 그러므로 반드시 나의 스토리를 들려줘야 한다. 스토리는 어떻게 들려주는가? 이왕이면 검증된 플로를 쓰는 것이 가장 좋다. 바로 디즈니 플로다. 디즈니 플로대로 스토리를 풀어가는 게 제일 쉽다.

1. 옛날에 ○○가 살고 있었는데(배경 묘사)
2. 어느 날 갑자기! 마을이 다 불타버렸어요.(역경, 문제 상황 발생)
3. ○○는 좌절했지만, 살길을 찾아 나섰어요.(영웅 모험의 시작)
4. 그러면서 많은 동료와 친구를 만나며 여행을 하면서 교훈을 얻었어요.(성장 과정)
5. 악당을 물리쳤어요.(문제 상황 해결)

대부분의 스토리는 이 구조다. 큰 구조는 문제 – 해결이다. 여러분의 삶에도 분명히 이 5가지 요소가 있다. 이 5가지 요소를 찾아 사람들이 좋아할 만하게 포장을 예쁘게 하면 된다.

그리고 스토리를 풀면서 주의할 점은 반드시 내 생각과 가치관이 드러나야 한다는 것이다. 사람들은 자기 생각, 자기주장이 없으면 매료되지 않는다. 결국, 팬을 만드는 결정적인 구간은 나의 스토리에서 내 생각과 가치관을 드러내는 포인트다.

내 생각과 가치관은 하루아침에 완성되지 않는다. 나만의 색깔을 완성하기 위해서는 끊임없는 훈련과 연습이 필요하다. 내 생각을 작게, 자주 적어보자. 나만의 생각과 가치관을 만드는 가장 쉬운 방법은 독서와 글쓰기다. 이것을 정말 쉽게 만들어둔 형태가 바로 액션 독서이다. 매일 액션 독서를 하고 내 생각을 짧게 글로 쓰는 연습을 하면 나만의 생각들이 자리 잡기 시작한다.

생각보다 우리는 가진 자본이 많고 줄 수 있는 것들이 많다. 오늘 알려준 원칙들을 바탕으로 나는 어떻게 팬을 만들 수 있을지! 구체적인 액션 플랜을 세워보자.

4장

제4 법칙 '교'
– 내 주변 5명의 평균이
나라는 사실을 잊지 마라

당신이 열심히 살아왔는지는 중요하지 않다. 결국 인간은 환경에 의해 결정되는 존재이기 때문이다. 가장 가깝게 지내는 인물 5명을 종이에 적어보자. 그들의 지적 수준, 연봉, 경제 형편, 인성 등 여러 가지 요소들을 총체적으로 종합하고 난 평균이 바로 나의 수준이다.

교사로 근무할 당시 나의 주변인들은 모두 교사였다. 학교에서는 당연히 동료들이 전부 교사였고, 퇴근 후 만나는 친구들도 다 교사였다. 그렇게 교사들만 만나는 삶이 지속되니, 나의 세계가 점점 좁아지는 느낌이 들었다. 물론 같은 환경에서 살고 있는 만큼 서로의 어려움에 공감하고 나눌 수 있는 것들도 많았다. 하지만 거기까지였다. 나는 그 세계를 벗어나고 싶었다. 그래서 책을 미친 듯이 읽고 돈을 미친 듯이 공부했다. 그렇게 공부하고 실행하면 나의 삶이 달라질 것이라고 믿었다. 책을 읽고 금융 지식을 집중적으로 공부했으며 이러한 노력이 내 인생을 변화시킬 것이라고 믿었다. 그때 나는 다음과 같은 심오한 말을 접하게 되었다.

"나는 내 주변 5명의 평균이다."

읽기, 쓰기, 운동, 공부 등의 노력에도 불구하고 나와 가장 가까운 동료들은 여전히 교사들이었다. 큰 충격을 받았다. 나는 열심히 노력했다고 생각했는데 달라진 것은 없었던 것이다. 이 사실을 깨닫고 소위 말하는 '현타'가 왔다. 그럼 도대체 뭘 해야 하는 거지? 결국 해결책은 하나였다. 주변 5명을 바꾸는 것. 가장 가깝게 지내는 5명을 바꾸면 뭔가 달라지지 않을까? 하는 생각이 들었다.

교사를 벗어날 수 있는 환경을 만들었다. 그렇게 환경을 바꿨더니 나는 정말로 교사를 그만둘 용기가 생겼다.

'나는 내 주변 5명의 평균이다.'라는 깨달음이 전환점이 됐다. 나와 비슷한 수준의 사람들이 계속 주변에 있다면 필연적으로 내 성장이 둔화된다. 그렇게 나는 내 환경을 조금씩 바꿔나갔다. 나는 다양한 직업, 배경, 각계각층의 개인을 찾기 시작했다. 정확히는 내가 되고 싶은 모습의 사람들을 찾아다녔다. 경제, 금융, 사업, 자기 계발에 관련된 세미나에 참석하고, 온라인 커뮤니티에 참여했다.

환경을 바꾸는 것은 하룻밤 사이에 이루어지는 과정이 아니었다. 낯선 영역에 발을 내디디기 위해서는 의도적인 노력과 의지가 필요했다. 이번 장에서는 나를 둘러싸고 있는 인간관계, 환경에 대한 이야기를 하려고 한다. 나 스스로를 바꾸는 것보다 나를 바꿔줄 환경을 세팅하는 것이 훨씬 쉽다. 환경만 만들어주면 나는 알아서 바뀐다.

제4 원칙 '교'를 깊이 이해하고 삶에 적용하면 나를 성공으로 이끌어준 환경을 만들 수 있다. 주변에 있는 5명의 평균을 점차적으로 이동시켜 나의 수준을 높일 수 있게 된다.

관계 자본은 노력으로 성실하게 쌓기도 해야 하지만, 똑똑하게 쌓아야 한다. 그러려면 자기 자신에 대해 정말 잘 알아야 하고, 내가 원하는 삶이 뭔지 정확히 그릴 수 있어야 한다.

세상에서 제일 마음대로 안 되는 것이 바로 인간관계다. 나는 내 마음대로 해도 남은 내 마음대로 못 한다. 직장인들이 제일 스트레스 받아 하는 요인 1위가 인간관계다. 그래서 우리가 바라는 목표에 이르기 위해서는, 우리의 인간관계 환경을 예쁘게 정리를 해야 한다. 나를 지지해주고 응원해줄 관계들을 기본적으로 깔아둬야 내가 앞으로 치고 나가는 데 방해물이 없다. 그게 가족이든 연인이든 친구이든지 말이다.

1

도움 안 되는 주변 인자를 정리해라

환경 세팅법의 기본 원리는 간단하다. 제거할 것은 제거하고, 더할 것은 더하는 것이다. 제거하는 것이 더하는 것보다 우선되어야 한다. 그래서 이번 장에서는 나에게 도움이 되지 않는 마이너스 인자들을 가려내고 정리하는 방법을 다루고자 한다.

먼저 우리에게 도움이 되지 않는 마이너스 인자들의 특징을 살펴보자. 첫 번째, 도전을 말린다. 이들은 당신의 도전이 무모해서 말리는 것이 아니다. 마이너스 인자들은 도전과는 먼 삶을 살아간다. 그리고 인간은 남이 자기 자신보다 잘되는 꼴을 견디기 어려워한다. 그래서 주변의 누군가가 새로운 도전을 하겠다고 하면, 본능적으로 말리게 된다. 도전을 미루고 현실에 안주하는 선택을 하도록 부추긴다. 그래야만 자신들의 삶이 정당화될 수 있기 때문이다.

두 번째, 만나고 나면 얻은 것보다 소모된 것이 더 많다. 마이너스 인자들의 가장 큰 특징이다. 이들을 만나고 집에 돌아와서 왠지 모르게 지치고, 기 빨리고, 시간이 아깝게 느껴진다면 점검해 볼 필요가 있다. 노트를 펼치고 이렇게 적어보자. '얻은 것'과 '잃은 것' 목록을 작성해 보라. 플러스 인자들과의 만남에서는 얻는 것이 많다. 지식 및 정보, 인사이트, 공감, 응원, 격려 등 폭넓고 다양한 가치를 얻을 수 있다. 그러나 마이너스 인자들과의 만남에서는 잃는 것이 더 많다. 감정 에너지, 시간, 체력, 자존감 등을 잃게 된다. 잃는 것이 더 많다면, 그는 마이너스 인자일 확률이 높다.

이 2가지 중 1가지라도 해당한다면 그는 마이너스 인자이며 정리해야 할 대상이 된다. 마이너스 인자들이 정해졌다면 이제 그들을 나의 삶에서 천천히 몰아내야 한다. 주변 인자 정리법은 손절법이 아니다. 손절법보다는 거절법에 더 가깝다. 마이너스 인자들을 삶에서 몰아내는 방법은 간단하다. 지속적으로 거절하는 것이다. 마이너스 인자들은 당신을 좋아할 확률이 높다. 그들의 입장에서 당신은 놓칠 수 없는 먹잇감이다. 자신들의 비뚤어진 인정 욕구를 채울 수 있는 대상이기 때문이다. 그래서 쉽게 놓아주지 않을지도 모른다. 그러나 절대 넘어가서는 안 된다. 만나자는 그들의 요청에 계속 핑계를 대며 만남을 미뤄야 한다. 이때 마음이 약해지면 안 된다. 어차피 걸러냈어야 할 사람이라는 점을 잊지 말자. 이때 티가 나면 안 된다. '쟤가 나 손절하려고 하네?' 대놓고 티가 나면 나의 평판에 좋지 않다. 센스를 발휘해서 최대한 자연스럽게 대화를 마무리하라.

그리고 웬만하면 먼저 연락하지 않는 것이 좋다. 먼저 연락하는 순간 그들은 또 득달같이 달려들어 만남을 이어가려고 할지 모른다. 그러니 먼저 연락하지 않고, 연락이 오면 만남을 피하는 쪽으로 대화를 마무리하는 것이 제일이다. 서로 기분 나쁘지 않게 마무리하는 것이 가장 좋다.

마이너스 인자를 떼어내는 것이 마음이 아플 수도 있다. 정이 많을수록 이 작업을 어려워한다. 그럴 때는 이렇게 생각하면 도움이 된다. '잠시만 안녕하자.' 지금은 나에게 도움이 되지 않는 사람임이 확실하니 당분간만 거리를 두겠다는 마음을 가지면 이들을 정리하는 것이 조금 더 수월해질 것이다.

 Action

마이너스 인자 목록을 만들어보세요.

2

나를 성공으로 이끌어줄
환경을 세팅해라

　마이너스 인자들을 제거했는가? 축하한다! 당신의 발목을 잡는 요인들을 떼어낸 일은 축하받을 일이다. 이제 플러스 인자를 세팅해야 할 차례다. 플러스 인자를 한마디로 설명하자면 다음과 같다. 어떤 분야에서 나보다 한 발 더 앞서 있는, 배울 점이 있는 사람이다. 플러스 인자는 곁에 많으면 많을수록 좋다. 플러스 인자들을 곁에 많이 세팅해두면 어떤 일이 벌어질까? 당신이 원하든 원치 않든 성장하는 삶을 살게 된다. 플러스 인자들이 당신을 가만히 두지 않기 때문이다. 그들은 어떻게든 앞으로 나아가려고 하며, 끊임없이 배우고 성장한다.

　이왕이면 당신이 관심을 가지고 있는 분야에서 성과가 있는 사람을 찾는 것이 좋다. 플러스 인자들을 통해 얻을 수 있는 가치는 엄청나다. 그래서 이들은 돈을 주고서라도 찾아가야 한다. 예를 들어 당신이 성공하고 싶은 분야가 '부동산'이라면 해당 분야에서 성과를 보인 흔히 말하는 '네임드'

를 찾아가야 한다. 그를 찾아가면 그 주변에 플러스 인자들이 많이 세팅되어 있을 것이다. 그 커뮤니티에 들어가기 위해 노력하라.

플러스 인자들을 내 곁에 두려면, 나 또한 그에 합당한 가치를 주는 사람이 되어야 한다. 내가 가진 것을 아낌없이 먼저 나눠라. 당신 스스로 별로 가진 게 없는 것처럼 느껴질 수도 있다. 그럴 때는 관점을 바꿔야 한다. '그 사람에게 필요한 것이 무엇일까?'로 질문을 바꿔라. '나'가 아닌 '상대방'에게 초점을 두는 것이다. 그러면 상대방에게 무엇이 필요한지 보인다. 내가 줄 수 없는 것이라면 누군가를 소개해주거나, 연결해주는 일을 할 수도 있다. 그것 또한 주는 일이다.

현재 나보다 성과가 좋은 상위 플러스 인자 커뮤니티에 들어가는 것이 어려운 상황이라면 차선책이 있다. 바로 강제로 성장하는 환경을 만드는 것이다. 강제로 성장하기에 가장 좋은 환경 설정은 '챌린지'이다. 나는 인간의 의지를 믿지 않는다. 인간의 의지는 매우 나약해서 작은 유혹에도 거칠게 흔들린다. 그러나 손실 회피 성향은 다르다. 인간의 본능 중 하나인 손실 회피 성향은 웬만해서는 꺾이지 않는다. 손해 보기 싫어하는 마음을 이용하는 것이 핵심이다.

방법은 간단하다. 도전 과제, 기한, 인증 방법을 설정하고, 돈을 걸면 된다. 이는 지금도 내가 많이 사용하는 방법이다. 자꾸 미루게 되는 일이나, 중요하지만 급하지 않은 일, 해야 하는데 하기 싫은 일들을 처리할 때에는 챌린지만큼 효과가 좋은 것이 없다. 이때 반드시 돈을 걸어야 한다. 예를 들어, '매일 A를 인증하지 못할 시, 하루에 5만 원 벌금을 내겠습니다.' 이런 식으로 챌린지를 설정해야 한다. 그러면 기를 쓰고 다 해낸다. 같은 과제라도 돈을 걸지 않으면 하지 않는다.

이 챌린지는 주변인에게 선언해도 되고, 같이 챌린지를 할 사람을 찾아서 함께 진행해도 된다. 효과가 좋은 것은 공동의 과제를 같이 달성할 사람을 몇 명 모아 함께 챌린지를 진행하는 것이다. 함께하면 과제 도달률과 퍼포먼스가 올라가기 때문이다. 그것이 같이의 가치다.

 '액션 독서' 챌린지를 돕는 '액션북클럽' 살펴보기

지금 해볼 수 있는 챌린지는 무엇인가요?

3

내 손으로 선택하는 유일한 가족,
배우자 선택 후회 없이 하는 법

요즘 이혼율이 갈수록 높아지고 있다. 그리고 이혼 사유 1위는 항상 '성격 차이'다. 아무도 '나 이혼해야지.' 하고 결혼하는 사람은 없다. 더 행복해지기 위해서, 더 잘 살기 위해서 결혼을 선택한다. 그러나 막상 결혼을 하고 같이 살다 보면 갈등이 생기기 시작하고 결혼 전에는 몰랐던 부분들을 발견한다. 거기서 그치면 다행이다. 더 이상 이 사람과 결혼 생활을 지속할 수 없겠다는 생각이 드는 순간이 오게 된다. 한 부부가 이혼을 선택하게 되는 데는 여러 요인이 있을 것이다. 그중 가장 큰 요인은 '안 맞는다.'는 것이다. 성격, 성향, 라이프스타일, 습관, 집안 등 간극을 좁힐 수 없는 부분이 있다.

부모, 자식, 형제는 랜덤이다. 내가 선택할 수 없다. 그러나 배우자는 유일하게 내가 내 손으로 선택할 수 있는 가족이다. 그렇기 때문에 더욱 신중해야 하고, 더욱 나에게 맞는 사람을 선택해야 한다. 평생 함께할 파트

너를 찾는 일에 제대로 된 기준 없이 어영부영 대충 조건에 맞는 사람을 선택했다가는 반드시 후회할 일이 생긴다. 이 책을 읽는 여러분만큼은 똑똑하고 현명한 결혼을 하기 바란다. 서로를 성장시키는 사람들이 만나 결혼을 하면 삶이 더 풍요로워진다. 그런 사람을 만나면 가화만사성을 이룰 수 있다.

그럼 어떻게 해야 배우자를 후회 없이 잘 고를 수 있을까? 어떤 사람이 나에게 맞는 사람이고, 그걸 어떻게 알아볼 수 있을까? 이 모든 것을 한 방에 해결할 수 있는 방법이 있다. 이 방법은 결혼 전에 미리 알고 있어야 한다. 이 방법을 알면 결혼 후에도 갈등 해결이 더 수월해진다.

바로, 결핍 분석이다. 인간이라면 누구나 결핍이 있기 마련이다. 그리고 대부분의 결핍은 인간이 가장 먼저 속하는 제1 집단, 가정에서 시작된다. 아무리 부모님이 나를 많이 사랑해줬다 하더라도 어린아이에게는 상처가 되는 순간들이 있다. 그런 순간들이 쌓여 인간에게는 결핍이 생긴다. 부모님이 나를 얼마나 열심히 키우셨는지가 중요한 게 아니다. '내가 상처를 받았는지'가 더 중요하다. 자식은 부모에게 일종의 죄책감을 가진다. '우리 부모님이 나를 어떻게 키웠는데, 다 나 잘되라고 한 건데.' 하면서 부모에게 드는 부정적인 감정을 억압한다. 사실 부모님으로부터 받은 상처가 실존하는데, 죄책감이 들어 그 상처를 보듬어줄 수가 없는 것이다. 이 상처들이 쌓여 결핍을 생성한다.

결핍을 알아야 하는 이유가 뭘까? 그걸 채워주는 상대를 만나기 위해서? 그것도 맞다. 하지만 나의 결핍을 온전히 상대가 채우도록 떠넘기면 결말은 파국이다. 나의 결핍을 발견하고, 결혼하기 전에, 그 결핍을 스스로 어느 정도까지는 해결해야 한다. 그래야 남이랑 살더라도 잘 살 수가 있다. 예를 들어 내가 아빠와의 사랑 측면에서 결핍이 있고 그 상태에서 결혼을 하고, 그 결핍을 남편에게 넘기면 남편은 나의 아빠 역할까지 해야 하는 것이다.

그렇기 때문에 결핍 분석의 첫 번째 대상은 '나'가 되어야 한다. 결혼을 잘하려면 우선 나의 결핍이 뭔지 알아야 한다. 아빠의 사랑인지, 엄마의 인정인지, 경제적 뒷받침인지, 형제와의 경쟁에서 오는 열등감인지 말이다. 결핍은 딱 1가지로 나타나지는 않는다. 복합적으로 얽혀 있다. 나의 결핍을 찾는 것이 쉽지는 않다. 보통 결핍이라고 하면 약점이나 결점이라고 인식하게 되기 때문이다. 스스로의 약점을 마주하고 인정하는 것은 늘 어려운 일이다. 이걸 잘하는 사람들은 메타 인지능력이 매우 높은 사람들이다. 스스로를 성찰하고 내면 탐구를 많이 한 사람이라면 이 과정을 비교적 수월하게 진행할 수 있다. 그러나 그런 연습이 덜 되어 있다면 지금부터 시작해야 한다. 나의 결핍을 아는 것은 연인뿐만이 아니라 일반적인 인간관계, 직장 생활에도 중요한 영향을 미치기 때문이다.

나의 결핍 분석을 마쳤다면 내가 결혼하고 싶은 상대의 결핍도 파악해야 한다. 그래야 내가 그걸 상대방에게 줄 수가 있다. 상대방이 인정에 대한 결핍이 있으면 내가 그걸 채워줄 수 있다는 것을 적극 어필해야 한다. 그리고 채워줄 수 있는 그릇이 되어야 한다. 내가 나의 결핍을 채워주는 사람을 쉽게 놓지 못하는 것처럼 남자도 자기 결핍을 채워주는 여자는 포기할 수가 없다. 그 남자의 결핍만 제대로 알고 채워주기만 해도 그 사람을 나에게 종속시킬 수가 있다.

결핍이라는 것은 인간을 고통스럽게도 하지만 앞으로 나아가게 하는 원동력이기도 하다. 그만큼 삶에 있어 중요한 요소다. 그렇기 때문에 나에게 어떠한 결핍이 있는지, 나는 상대방의 결핍을 어떻게 채워줄 수 있는지 이 2가지만 잘 알아도 훨씬 나은 배우자를 선택할 수 있게 된다.

결핍 분석의 방법은 다음과 같다.

1. 부모님과의 관계 관찰하기

결핍은 99% 가정에서 형성된다. 그중에서도 부모와의 관계가 영향력이 크다. 곁에서 지켜보면서 부모님과의 관계가 어떤지 관찰하고 분석을 해보자. 자주 교류를 하는지, 어머니와 아버지에 대해 어떤 생각과 감정을 가지고 있는지, 심리적 거리감이 어느 정도인지, 부모님끼리의 관계는 어떤지 등 부모님에 대한 정보를 다각적으로 수집해야 한다.

2. 경제관념 분석하기

우리나라는 '돈' 제일주의이다. 가족보다 돈이 더 중요하다고 생각하는 거의 유일한 나라다. 왜 그럴까? 우리는 돈의 맛을 알기 때문이다. 우리나라 사람들은 더 윤택한 환경에서 살고 싶어 한다. 그러면 더 행복해질 것이라고 생각한다. 결국 '돈=행복'인 셈이다. 그래서 그렇게 돈돈돈 거리면서 사는 것이다. 그만큼 돈이 삶에 중요한 요소다.

돈을 어떻게 생각하는지를 보면 그 사람의 결핍을 알 수 있다. 예를 들어, 어린 시절 가정 형편이 어려웠거나 돈에 대한 결핍이 있는 사람은 돈을 지나치게 많이 쓰거나 아낀다. 돈에 대한 불안함이 행동으로 나타나게 되는 것이다. 이렇듯 돈에는 사람의 감정이 그대로 묻어난다. 돈은 일종의 감정 해소 방식이기도 하기 때문이다. 그래서 이 사람이 돈에 대해 어떤 생각을 가지고 있고 돈을 어떤 패턴으로 소비하는지를 보면 결핍도 분석할 수 있다.

평소 상대방이 돈을 어디에 많이 쓰는지, 한 달 생활비로 얼마를 지출하는지, 저축 습관이 어떠한지, 부모님께 용돈을 드리는지 등을 보면 결핍을 파악할 수 있다. 돈에 대한 결핍이 높을수록 돈에 대한 본인만의 어떠한 생각을 가지게 된다. 그리고 집착하는 경향성도 보인다.

3. 자식에게 반드시 해주고 싶은 것 묻기

상대방의 결핍을 명료하게 알아볼 수 있는 가장 강력한 질문이다. 이 질문을 받으면 본능적으로 '자기는 못 받은 것'을 떠올리게 된다. 내가 정말 원했고 받고 싶었지만 부모로부터 받지 못한 것이 떠오른다. 그것이 가장 큰 결핍이다.

예를 들어 '나는 우리 애한테 하고 싶은 거 다 할 수 있게 경제적인 지원을 많이 해줄 거야.'라고 했다면 그 사람은 어린 시절 돈 때문에 하고 싶은 것을 하지 못했던 경험이 있음을 유추할 수 있다. 그리고 그것이 결핍이 되었음을 알 수 있다. 이런 사람에게는 '네가 하고 싶은 거 다 할 수 있게 내가 뒷바라지해줄게.'가 최고의 사랑 고백이다.

'나는 자식들이랑 시간을 많이 보낼 거야.'라고 답했다면, 어린 시절 부모님이 자신과 충분히 시간을 보내주지 않은 것에 대한 결핍이 있는 것이라고 해석할 수 있다. 이런 사람에게는 '나는 가능한 한 많은 시간을 함께 보내고 싶어.'라고 말하면 효과적이다.

3가지 방법을 종합적으로 활용하면 그 남자의 결핍을 어렵지 않게 알아낼 수 있다. 하지만 반드시 명심하자. 그 남자의 결핍을 알아내는 것보다 중요한 것은 '나'다. 나의 결핍을 발견하고 내면 탐구와 시간 여행을 통해 결핍을 해소해야 한다. 무의식을 정화하는 과정을 거치면 결핍의 농도가 옅어지면서 좀 더 현명한 의사 결정을 내릴 수 있게 된다. 감정은 늘 눈을 가리기 때문이다.

결핍 분석은 모든 인간관계에서 사용할 수 있는 기술이다. 한 번 익혀두면 인간관계를 맺는 것이 너무나도 쉬워진다. 상대방의 결핍을 파악하는 능력을 가지고 있으면 주변 사람들이 나를 쉽게 좋아하게 만들 수 있다. 그들의 결핍을 내가 채워줄 수 있기 때문이다. 결핍 분석 기술을 잘 익혀보자.

Action

아래 질문에 답해보세요.
- 나의 어린 시절에 형성된 결핍은 뭘까?
- 어떻게 하면 그걸 채울 수 있을까?
- 그 사람의 결핍은 뭘까? 그걸 어떻게 채워줄까?

의외로 잘 모르는 이상형의 남자와
결혼하는 방법

결혼은 인륜지대사라고 불릴 정도로 인간의 삶에서는 터닝포인트가 되기도 하는 큰 행사다. 그리고 결혼으로 인해 삶의 판도가 180도 바뀌기도 하기 때문에, 요즘은 더더욱 결혼에 신중한 분위기다. 불행한 결혼의 끝이 어떤지 위 세대에서 보고 자란 이들이 많은 것도 한몫한다. 결혼을 '잘'하면 삶의 여러 행복을 누릴 수도 있지만 '잘못'하게 되면 삶이 상당히 골치 아파지기도 한다.

같이 평생을 살아야 하는데, 이왕이면 나의 이상형인 배우자랑 결혼하면 더 좋지 않을까? 정말 간단하고 쉬운 방법인데, 의외로 많은 사람이 잘 모르고, 또 안 한다.

1. 이상형 매트릭스

1) 흔히 사람들이 중요하게 생각하는 배우자 덕목을 표에 쓴다. 성격, 집

안, 능력, 외모, 가치관 등 여러 가지가 있을 것이다

2) 그 뒤에 각 항목이 나에게 '얼마나 중요한지' 점수를 매긴다.(10점 만점)

이렇게 점수를 쓰면 뭘 알게 될까?

'내가 절대 포기하지 못하는 것'과 '내가 어느 정도 타협할 수 있는 것, 포기할 수 있는 것'을 구별할 수 있게 된다. '아, 난 상대적으로 집안, 능력이 덜 중요하구나.' 이런 사실을 깨달을 수 있다.

3) 본인 스스로한테도 점수를 매겨본다.

과연 나는 저만한 남자를 만날 자격이 있는 상태인가? 객관적으로 점검해보는 단계이다. 내가 성격이 10점짜리인 남자를 만나려면 나도 최소 8~9점은 되어야 한다.

이렇게 점수를 매겼다면, 이제 좀 더 세부적으로 들어갈 차례다.

'성격이 좋다.'라는 것은 너무 광범위하다. 내가 생각하는 나와 잘 맞는 성격이 무엇인지를 알아야 그 사람을 만날 수 있다. 예를 들어 누구는 '사람들과 잘 어울리고 무리를 잘 이끄는 것'을 성격이 좋다고 생각하고, 누구는 '차분하게 경청을 잘하고 세심한 사람'을 성격이 좋다고 생각한다. 내가 좋아하는 성격은 어떤 모습인지, 구체적으로 나열해보자. 만약 이게 어렵다면 키워드를 잡아봐도 좋다.

배려, 경청, 소통, 포용, 열정, 야망, 인내, 겸손, 용기, 친절, 공감, 감사, 정직, 사랑….

이 중에서 내가 가장 중요하게 여기는 가치가 무엇인지 골라보는 것이다. 내가 원하는 게 무엇인지 명확히 알아야 이상형을 만났을 때 알아볼 수가 있기 때문에 이 작업을 사전에 해야 한다.

이렇게 항목별로 계속 추리면서 나만의 이상형 체크리스트를 만들어간다. 이상형 체크리스트를 만들 때 주의할 점이 있다. '나는 이건 정말! 포기 못 해!' 하는 것만 넣어야 한다는 것이다. 이 조건이 만족되지 않으면 나는 절대 못 만난다! 싶은 항목들을 추려서 넣어야 한다.

그래서 1차로 브레인스토밍을 하고 2차에서 걸러내며 고르고 고른 뒤에 이상형 체크리스트에 넣는 것이 좋다. 그래야만 더 뾰족하게 이상형을 구체화할 수 있고, 또 너무 항목이 많아지면 그걸 다 만족하는 사람을 찾기가 매우 어렵기 때문이다.

예를 들어서 이런 식으로 이상형 체크리스트를 짜버리면 오히려 제대로 결혼할 확률이 낮아진다.

무쌍에 키 183㎝ 이상

공기업, 대기업이나 전문직에 종사

연봉이 1억 원 이상

자기주장이 강하지 않고, 수더분한 성격

부모님 노후 준비 완료

이런 남자가 날 좋아하려면 내 외모가 최소 인플루언서급, 수입도 평균 연봉 이상이 되어야 한다. 특히 남자들 중 외모와 능력을 동시에 가진 사람들은 TV에 나오지, 굳이 나랑 결혼할 이유가 없다는 걸 명심하자.

이렇게 정말 '나'에게 맞는 사람, 내가 절대 포기할 수 없는 '항목'을 구체화하고 나 스스로를 객관화하는 것이 이상형을 만나는 비밀이다.

이 작업을 하고 나면 현재 결혼 시장에서 나의 위치가 어느 정도인지 알게 된다. 내가 원하는 사람이 어떤 사람인지 명확하게 설명할 수 있게 되기 때문에 시행착오를 줄일 수 있고, 정말로 체크리스트에 부합하는 남자를 만나게 된다.

그리고 한 가지 팁을 더 공개하자면, 애초에 연애를 시작할 때 '이 사람이 남자 친구로 적합한가?'보다는 '내 배우자가 될 자격이 있는가?'를 염두에 두는 게 여러모로 좋다. 사귈 때는 아무 생각 없이 사귀었는데 사귀다 보니 나이가 차서 결혼하게 되는 경우가 은근히 많다. 그것도 나쁘지 않지만, 이왕이면 시작할 때부터 내가 원해왔던 사람을 찾아서 제대로 시작하는 것이 낫지 않을까?

Action

이상형 매트릭스와 이상형 체크리스트를 만들어보세요.

5

절대 만나시는 안 되는
최악의 남녀 궁합

수많은 케이스 스터디와 사례 분석, 직접 경험하고 느낀 지식과 노하우를 통해 발견한 남녀 최악의 성격 궁합이 있다. 혹시 내가 만나는 상대방과 나의 성격이 이 궁합에 해당하지는 않는지 점검해보기 바란다.

자강두천(자존심 강한 두 천재의 대결)

사공이 많으면 배가 산으로 간다.

Too many cooks spoil the broth.(너무 많은 요리사는 스프를 망친다.)

이 문장들에 내포된 의미가 뭘까? 3초간 생각해보자. 주장이 강한 사람들이 모이면? 파국이라는 거다. 어떤 집단이든 의사 결정을 내리는 리더가 있고 그 의사 결정에 따르고 지지하는 서포터가 있어야 제대로 굴러간다. 서로 주장을 내세우고, 서로가 맞다며 서로 이끌려고 하면? 그냥 계속 끊임없는 논쟁을 하게 된다.

부부는 인생이라는 사업을 함께하는 파트너다. 그런 파트너와 어느 정도 리더, 서포터 성향이 맞아야 사업을 잘 운영해갈 수 있다. 그러려면 우선 내가 리더 성향인지, 서포터 성향인지를 알아야 한다. 아래 상황에서 어떤 생각이 드는지에 따라 리더와 서포터 성향이 나뉜다.

연인과 함께 가는 3박 4일 여행을 앞두고 있다. 자기가 다 알아서 하겠다고 하던 연인은 숙소만 예약해두고 아무런 일정도 정하지 않았다. 당장 내일 아침에 떠나야 한다.

이때 '역시 내가 하는 게 편해.' 쪽이라면 리더 성향, '왜 아무것도 안 해? 뭐라도 해봐!' 쪽이라면 서포터 성향이다. 보통 하고 싶은 게 많고 주장이 강한 쪽이 리더, '뭐든 OK라 상관 없으니 제시만 해줘' 하는 쪽이 서포터다.

우리나라 대부분의 여성들은 서포터 성향이 있다. 그래서 자신을 이끌어주는 걸 편안해한다. 서포터 성향의 여자와 리더 성향의 남자 혹은 서포터 성향의 남자와 리더 성향의 여자가 만나면 편안하게 연애할 수 있다.

'리더 여자 + 리더 남자' 최악의 궁합이다. 리더와 리더가 만나면 싸움이 시작되기 때문이다. 서로 주장이 강해서 누구 한 명이 굽혀야 앞으로 나아갈 수 있는데 그게 안 된다. '서포터 + 서포터'는 차라리 낫다. 서로 양보하고 배려하기 때문에 마찰이 적다. '리더 + 리더'는 말 그대로 자강두천 상황이라서 리더들은 웬만하면 서포터를 만나는 게 정서에 좋다.

상황에 따라 리더와 서포터 성향은 바뀔 수 있다. 예를 들어 집 안에서는 여성이 리더, 집 밖에서는 남성이 리더 역할을 바꿔가며 맡는 경우들이 종종 있다. 리더 성향이라고 해서 모든 순간 자기주장만 하지는 않는다. 리더도 리드당하고 싶을 때가 있다.

만약 현재 연인과 내가 '리더 + 리더'이더라도 좌절할 필요는 없다. 상황에 따라서 서로 져줄 수 있으면 나름대로 좋은 궁합이 될 수 있다. 리더 서포터 성향은 고정적인 것이 아니라 변할 수 있지만, 타고난 나의 성향은 알아두어야 한다.

6

이런 결혼은 절대로 하지 마라

결혼은 단 한 번뿐인데 왜 저런 남자랑 결혼하지? 한 번쯤 주변에서 그런 케이스를 본 적이 있을 것이다. '아니 네가 뭐가 아쉬워서?', '저런 사람이랑 결혼해?' 도시락 싸 들고 다니면서 뜯어말리고 싶은 결혼을 선택하는 사람들이 있다. 은근히 많다. 이 책을 읽는 여러분은 그러지 않기를 바란다.

이런 결혼들의 가장 큰 특징은 도피성 또는 회피성이라는 점이다. 보통의 사람들은 결핍을 채우기 위해 결혼을 선택한다. 더 안정적으로 돈을 모으려고, 가족에게 의지하고 싶어서 등 여러 이유가 있다. 결혼을 통해 나의 결핍을 해소하고자 하는 것은 나쁜 것이 아니다. 어찌 보면 당연한 생각이다.

근데 여기서 문제가 되는 건 도피 및 회피가 주목적이 되는 경우다. 생각보다 정말로 많다. 나의 원가족이 완전하지 않기 때문에, 그 가족에서 벗어나고 싶기 때문에 결혼을 하고 싶어 하는 여성들이 많다. 이런 케이스를 볼 때마다 안타까운 마음이 든다. 가족으로부터 받은 상처를 충분히 보듬어주지 못하지만 그럼에도 불구하고 또 행복해지고 싶어 하는 마음이 가엽다.

그러나 생명의 위협이 있는 게 아니라면, 현재 나의 삶에서 벗어나고 싶어서, 나의 가족으로부터 벗어나고 싶어서, 어딘가에서 '벗어나기 위해' 하는 결혼은 하지 말아야 한다. 그렇게 결혼해서 얻은 행복은 영원히 이어지지 않는다.

의외로 많은 여성이 도피성 결혼을 선택한다. 그리고 그런 결혼에 대한 환상과 로망도 은근히 많이 가지고 있다. 요즘 인기 있는 웹툰 제목들을 보면 이런 것들이 많다.

〈시월드가 내게 집착한다〉
〈제국 제일의 상속녀가 되었습니다〉
〈암살자 가문의 수양딸이 되었다〉

이 웹툰 속 여주인공들은 원가족에게 버림받았거나 원가족으로부터 학대를 당했다. 혹은 수모를 겪다가 팔려가듯이 결혼을 한다. 근데 그 시댁이 나를 가족으로 받아들여주고 오히려 친가족처럼 돈독한 사이가 되는 그런 내용이 주를 이룬다. 비슷한 내용의 드라마들도 요즘 많이 보인다. 요즘은 시댁이 악당으로 설정되어 있지 않다. 오히려 시댁이 친정보다 잘해주는 스토리 라인이 많다. 최근 종영한 〈눈물의 여왕〉도 비슷했다. 이런 류의 스토리가 각광을 받는 이유가 뭘까?

원가족으로부터 얻은 상처를 결혼을 통해 극복하고자 하는 환상이 있기 때문이다. 그러나 이건 어디까지나 환상일 뿐이다. 현실은 다르다. 그리고 이런 스토리를 보면 마지막에는 꼭 이런 반전이 드러난다. 알고 보니 나를 학대한 가족은 친가족이 아니라든지, 사실 나를 냉대했던 부모는 어떤 사정이 있었다든지. 결국 엔딩에는 '나는 사랑받았다.'라는 설정이 들어간다.

나는 이것이 이 시대를 사는 여성들이 듣고자 하는, 원하는 메시지라고 생각한다. '나는 충분히 사랑받았다.', '부모는 나를 사랑했다.' 이런 믿음을 얻고 싶은 것이다. 근데 대부분은 그 사실을 머리로만 알고 가슴 깊숙한 곳까지는 잘 받아들이지 못한다. 내가 못 받은 것, 못 누린 것들이 더 많이 남는다. 그로 인해 받은 상처들이 크다. 그리고 그 상처를 결혼을 통해서 해결하려고 한다. 이때 좋은 상대와 좋은 집안을 만나면 다행이지만 현재의 결핍 해소에 눈이 멀어 후회할 선택을 하는 경우들도 종종 있다. 실제로 주변에서 그런 케이스를 여럿 봤다. 남자는 개차반인데 시댁이 잘해줘서, 어머니가 잘해줘서 참고 결혼하는 경우가 은근히 있다.

그렇다 해도 나의 원가족과의 문제는 내가 해결해야 한다. 그래야 내가
미래에 꾸려나갈 나의 가정도 온전하게 세울 수가 있다. 아래 액션을 꼭
종이에 적어보자. 그렇다면 적어도 도피성, 회피성 결혼을 하는 실수는 막
을 수 있을 것이다.

Action

내가 가족으로부터 받은 상처는? 그걸 극복하는 방법은?

5장

제5 법칙 '심'
- 나와의 관계를 개선하라

마지막 제5 법칙은 다이아몬드 마인드셋을 완성하기 위해 가장 중요한 원칙이다. 그러나 가장 어렵다. 제5 법칙을 체화하는 데는 많은 시간과 노력이 필요하다. 그러나 공들여 완성한다면 열매는 달콤할 것이다. 나의 마음을 내가 돌보고 감정을 다루는 능력을 가지게 되면 세상에 못 이룰 것이 없다. 지구에 다녀간 현인들이 입을 모아 말한다. 결국 모든 문제의 원인과 해결책은 내 안에 있다고 말이다. 공자는 자신을 이기는 사람이 가장 강력한 전사라고 했다. 아리스토텔레스는 자신을 아는 것이 모든 지혜의 시작이라고 했고, 부처님은 마음이 전부이며 우리가 생각하는 대로 된다는 말을 남겼다.

우리가 바라는 모습이 되려면 우리 내면의 생각들을 하나씩 뜯어고쳐야 한다. 천지개벽, 인간 개조 수준으로 사고를 전환시켜야만 우리가 원하는 삶을 살게 된다. 그러나 인간에게는 회귀본능이 있어 계속해서 자신의 원래 모습으로 돌아가려고 한다. 그리고 이 회귀본능을 증폭시키는 것이 바로 감정이다. 우리가 아무리 생각을 바꿔보려고 오만가지 노력을 해도 그 생각 뒤에 숨은 감정을 해소하지 못한다면 소용이 없다. 생각을 바꾸려면 그 생각에 묻은 감정을 먼저 찾아야 한다. 감정을 해소해주면 생각이 바뀌기 시작한다. 이전에 가지고 있던 비합리적인 신념과 인지적 오류들이 제대로 돌아가는 것이다. 이 작업을 마치면 '나'는 더 이상 '나'의 방해물이 되지 못한다. 나의 가장 큰 아군이 되어준다.

  '심'을 쌓는 것은 높은 자기 성찰 능력과 메타 인지능력이 필요한 일이다. 나의 내면을 끝까지 파고들어야 한다. 그 과정은 매우 괴롭고 고통스럽다. 그래서 대부분은 상처를 외면하고 묻어둔 채로 살아가기를 택한다. 하지만 이것은 매우 비효율적인 일이다. 이 상처가 계속해서 우리를 괴롭힐 것이기 때문이다. 상처를 마주하고 직면하는 과정이 필요하다. 이 일을 하려면 점차 '심력'을 올려야 한다. 이번 파트는 심력의 기초를 쌓는 구간이다. 심력의 기초를 다진 뒤에 무의식 정화로 넘어가는 것이 좋다. 무의식 정화는 심력의 심화 파트다. 이는 3부에서 더 자세히 다룰 예정이다.

1

우울증 환자가 점점 많아지는 이유

2022년 우울증으로 진료받은 환자의 수가 100만 명을 돌파했다. 그중 20대 여성이 가장 높은 비율을 차지했다. 과거에 비해 정신병원의 문턱이 낮아진 영향도 있다. 정신과에 대한 인식이 개선되면서 더 많은 사람들이 도움을 받게 되었다. 그러나 실제로 우울증이라는 증상을 겪는 사람들이 과거보다 더 많아진 것도 사실이다. 이런 증상들이 심화되고 사회에서 고립되어 스스로 목숨을 끊는 경우들도 종종 있다. 한강에서 삶을 마감하는 선택을 하는 청년들이 하루에 1명씩 발생한다고 한다.

이 땅에 태어난 이들에게 삶을 늘 어려웠다. 지금의 노년 세대는 전쟁을 경험했고, 부모님 세대는 급격한 경제성장과 경제 위기를 경험했다. 그러나 지금처럼 청년 자살률과 우울증 비율이 높은 시대는 없었다. 객관적으로 환경만 놓고 보면 모든 것이 좋아졌다. 의료 기술이 발달하면서 수명이 급격하게 늘어났다. 음식이 넘쳐나는 세상에서 배를 주릴 일도 거의 없다.

이제는 AI까지 등장해서 삶이 더욱 편리해지고 있다. 그런데 사람들은 더욱 불행해진다. 무엇이 달라졌기에, 이토록 젊은 청년들이 괴로워하는 것일까? 여기에는 크게 3가지 이유가 있다.

1. 미래가 안 보인다

물가는 치솟는데 월급은 안 오른다. 퇴근 후 부업으로 부수입을 늘려보지만 그것도 일회성이지 계속 이어나가기가 쉽지 않다. 이 세상에 돈은 넘쳐나는데 '내 돈'은 없다. 열심히 일하고 월급을 받아 저축을 해도 집을 사려면 30년이 걸린다.

1) 집 마련: 집이 이렇게 많은데 왜 내 집은 없지?

부동산 가격이 감당할 수 없을 정도로 올랐다. 서울 아파트는 조금 입지가 괜찮은 곳들은 전부 10억, 15억 원 이상이다. 아무리 부지런히 저축해도 내 집 마련의 꿈은 해마다 점점 멀어지는 것 같다. 부동산 상승장에서는 이미 너무 올라서 살 수가 없고, 하락장에서는 더 빠질까 봐 못 산다. 수중에 있는 돈으로 들어갈 수 있는 집은 상태가 구축이고, 어딘가 하자가 있는 게 현실이다.

2) 결혼: 내가 결혼을 할 수나 있을까?

주거 문제가 해결이 안 되니 결혼도 자연스럽게 미루게 된다. 생활비가 오르고 재정적 압박이 가중되는 상황을 내가 버틸 수 있을까 하는 생각이 든다. 돈이 없어서 결혼을 못 하는 경우를 어렵지 않게 볼 수 있다.

3) 출산: 애 키우려면 돈이 더 많이 필요할 텐데….

아이들은 엄청난 행복을 가져다주지만 상당한 재정적 책임도 따른다. 기본적인 의식주에 드는 비용, 기타 육아에 드는 비용, 교육 비용까지 아이를 키우는 데는 돈이 끝없이 들어간다. 인간은 독립하는 데 가장 시간이 오래 걸리는 동물이다. 요즘은 그렇게 30년은 키워야 한다.

내 한 몸도 건사하기 힘든 상황인데 집, 결혼, 출산까지 하려고 하니 미래가 안 보이게 되는 것이다. 기본 세팅값이 이렇다. 여기에 거지 같은 직장, 날 괴롭게 하는 인간관계들을 더하면…. 정말로 미래가 안 보이게 된다. 미래가 안 보이는 상황에서 인간은 극도의 공포감을 느낀다.

2. 비교로 불행해진다

비교는 불행의 씨앗이 된다. 그러나 우리는 비교를 멈출 수가 없다. 인간의 본능이기 때문이다. 인터넷이 발달하면서 비교가 더 쉬워진 세상이 왔다. 인스타그램의 등장으로 '예쁜 사진'을 전시하는 문화가 생겨났다. 더 예쁘고, 더 좋은 호텔에 가고, 더 비싼 음식을 먹는 사진들에 좋아요와 댓글이 달린다. '내가 정말 특별한 사람인가?', '사람들이 나를 좋아해주네?',

'그토록 원해왔던 관심과 사랑이 여기에 있었구나!' 결핍이 충족되는 것 같이 느껴진다. 그래서 더 많은 좋아요와 댓글을 받고 싶어지는 것이다. 그래서 점점 더 나 자신을 예쁘게 포장하고, 나의 삶에는 멋진 순간들만 존재하는 것처럼 꾸민다. 그리고 그렇게 꾸며진 완벽한 사람들을 보면서 비교를 하게 된다.

SNS에는 예쁜 사람도 많고, 부자도 많고, 능력 있는 사람들도 많다. 하지만 반드시 기억할 점은 그것은 그냥 그들 삶의 단편이라는 것이다. 그리고 그것을 진실이라고 믿을 필요가 없다. 웬만하면 남의 SNS는 안 보는 게 정신 건강에 여러모로 좋긴 하다.

SNS가 아닌 현실 세계에서도 비교는 계속된다. 분명히 나랑 비슷했던 친구인데 대기업에 들어간 친구, 시집을 잘 간 친구, 투자로 돈 번 친구들의 이야기가 들려온다. 남의 잘된 이야기를 듣는 것은 상당히 괴로운 일이다. 이때 본능적으로 나와 비교가 되기 때문이다. 그들을 깎아내리지 않으면 내 자신이 너무 보잘것없이 느껴진다. 그래서 비교를 동력으로 전환하는 의도적인 연습이 필요하다.

일단 이 말부터 기억하자. 비교하면 비참해지거나 교만해진다. 비교가 될 때에는 이렇게 사고를 하는 것이 좋다. '저 사람은 어떻게 저렇게 됐을까? 그중에 내가 할 수 있는 게 뭐가 있을까?' 이 생각을 의도적으로 떠올리면 비교를 동력으로 전환할 수 있다. 부러운 마음을 솔직하게 인정하고 그 마음을 행동의 동력으로 삼는 것이다. 방구석에서 남의 SNS 사진을 보면서 마음속으로 그를 깎아내리는 것보다 훨씬 건설적이다.

3. 셀프 채찍질

사람이 우울해지고 불행해지는 이유는 '혼자'라고 느끼기 때문이다.

'역시 난 혼자야….'
'아무도 내 마음을 몰라줘.'
'왜 나만 이런 일을 당해야 하지?'
'왜 나한테 이런 일이 일어난 거지?'

이런 생각들은 혼자 있을수록 증폭되고, 결국은 화살을 자기 자신에게 돌리게 된다.

'그래, 내가 그럴 만하니까 그렇지.'
'내가 부족해서 그런 거겠지.'

이런 식으로 자기 자신을 채찍질하게 된다. 한번 돌이켜보자. 나 스스로에게 '너 정말 잘했어!'라고 마지막으로 말해준 적이 언제인가? 아마 기억이 나지 않을 것이다. 우리는 우리 자신을 계속해서 혼내고 채찍질하고, 불평불만을 늘어놓는다. 나 자신을 감정 쓰레기통으로 취급할 뿐, 나의 감정을 알아주지는 않는 것이다.

바로 이 지점이 심력이 필요한 대목이다. 심력의 핵심은 나와의 관계를 만들어가는 것이다. 나와의 관계를 돈독하게 쌓아감으로써 삶에 고통과 풍파가 와도 버틸 힘을 기르는 것. 쉽게 말하면 멘털을 강하게 키워가는 것이 심력을 쌓는 목적인 것이다.

인생이 꼬이기 시작할 때
나타나는 강력한 신호

인생은 롤러코스터라는 말을 들어본 적이 있는가? 오르막길이 있으면 내리막길이 있다. 빛이 있으면 그림자가 있고, 진실이 있으면 거짓이 있는 것처럼 삶에 늘 좋은 순간만 있을 수는 없다. 사실 힘들고 어려운 순간들이 더 많다. '요즘 왜 이렇게 일이 꼬이냐.', '왜 요즘 되는 게 없지?' 정말로 뭐든 안 풀리는 때가 있다.

그러나 인생이 '꼬이기' 시작하는 이유는 일이 안 풀려서가 아니다. 일은 늘 잘 안 풀린다. 내 마음대로 되는 것이 하나도 없다. 인생이 꼬이기 시작하는 이유는 내가 대처를 잘못해서이다. 제대로 발 빠르게 대처를 하지 못했거나, 의사 결정을 올바르게 하지 못하면 꼬이기 시작한다. 그런데 여기에서 '이 행동'까지 하게 되면 인생이 나락으로 갈 수도 있다. 혹시 내가 이 행동을 하고 있지는 않은지 점검해보기 바란다.

뭔가 안 풀리는 문제가 생겼을 때, 그로 인해 지속적으로 부정적인 감정을 느낄 때, 사람은 괴로워한다. 부정적인 감정을 다루는 법을 모르기 때문이다. 그래서 '돌파구'를 찾는다. 지금 내가 느끼는 걱정, 불안이 너무나 싫기 때문에 그걸 일시적으로 잊게 해주는 행동을 하게 되는 것이다.

나의 부정적인 감정을 누르려면 그만큼의 자극을 주는 행동을 해야 한다. 즉 '도파민'을 활성화시키는 활동을 찾게 된다. 그렇게 쇼츠와 릴스를 보게 된다. 술을 마시는 빈도가 늘어나고, 친구 또는 연인에게 과도하게 연락하게 되거나 성적 쾌감을 채울 수 있는 행동을 찾기도 한다.

이런 행동들을 스스로 조절할 수 있다면 큰 문제가 되지 않는다. 근데 이런 행동들의 특징은 '즐거움엔 끝이 없다.'는 것이다. 도파민에는 끝이 없기 때문에 계속 '더' 원하게 된다. 거기에 근본적인 문제까지 해결되고 있지 않으면 더욱 이러한 중독에 빠질 위험이 있다. 현재 나의 부정적인 감정을 피하기 위해 도파민이 분비되는 행동을 과하게 반복하게 된다.

한때 알코올중독에 빠질 뻔한 적이 있다. 당시 심리적으로 불안감을 느끼는 상황이 지속되고 있었고, 그 불안감을 해소하고자 술이라는 도구를 선택한 것이다. 일주일에 4~5회씩 술을 마시니 다음 날 일상생활에도 지장이 생기고, 살도 쪘다.

근데 이걸 자각하는 게 쉽지가 않았다. 그 당시에는 내가 불안감을 지속적으로 느끼고 있다는 사실도 몰랐다. '내가 술을 먹는 이유가 불안감을 해소하기 위해서구나.' 이렇게 깨닫는 게 정말 어렵다. 그리고 그걸 인정하기도 어렵다. 대부분은 술을 많이 마시는 자신을 이렇게 포장한다. '나는 그냥 술을 좋아할 뿐이야.', '나는 적당히 잘 조절해서 마시니까 문제없어.' 주 5회씩 술을 마시고 주에 2번은 과음을 하며 지냈을 때 내가 한 생각이다. 문제가 생기기 시작할 때 자각을 하는 것은 매우 어렵다. '이 정도는 괜찮아.'라고 생각하고 넘기는 것이 100배 쉽다.

매일 밤 술을 마시니 늦게 자게 되었고, 아침에 숙취로 고생하는 시간이 늘어났다. 루틴이 무너지고, 일의 생산성도 떨어졌다. 이 사실을 자각한 뒤, 나는 한 달 금주에 도전했다. 한 달 동안 금주를 하니 정말 신기하게 정신이 맑아졌다. 다시 내 리듬을 되찾게 되었고, 생산성이 올라가고, 행복감과 만족감도 자주 느낄 수 있었다.

요즘 사람들이 쉽게 빠지는 중독이 있다. 바로 숏폼 중독이다. 숏폼은 개미지옥이다. 한 번 보기 시작하면 나오는 데 시간이 많이 걸린다. 생각 없이 손가락을 움직이다 보면 30분에서 1시간, 많게는 2시간도 날아간다. 이걸 혁명이라고 해야 할지, 위기라고 해야 할지. 확실한 건, 앞으로도 숏폼 위주의 시대가 펼쳐질 거라는 것이다.

이런 숏폼을 그냥 재밌어서 보기도 하지만, 뭔가 심리적으로 불안한 현재를 잊기 위해 보는 것도 있다. 적당한 오락은 스트레스를 해소해주고 정신 건강에 도움이 된다. 그러나 과도하게 무언가를 잊기 위해 이런 미디어 세상에 몰입하는 것은 좋지 않다. 그럴 때 오늘 이 글을 떠올리고 꼭 한 번 점검해보자. 지금 내 마음이 돌봄을 원하는 상태라는 신호일 수도 있으니까 말이다.

내가 불안함을 느낄 때 하는 행동을 적어보세요.
불안감을 해소할 수 있는 방법은 어떤 것이 있을까요?

상담 10년 넘게 다닌 사람이 알려 주는
감정 조절 3단계

무슨 문제가 있어서 10년을 다닌 건 아니다. 그냥 나는 학생 시절부터 심리 상담에 관심이 많았다. 스트레스 받는 일이 생기면 나는 상담실을 찾아갔다. 그렇게 대학에 와서도 나는 꾸준히 상담을 받았고 그 시간 속에서 참 많은 것들을 배우고 훈련했다. 사회성도 기르고 공감 능력도 기르고 가족에 대한 상처도 후비고 내게 준 상처도 열심히 후볐다.

그렇게 오랜 시간 상담실을 다녔는데도 내 감정을 스스로 조절하게 되기까지는 시간이 꽤 많이 들었다. 거의 최근에서야 '아, 감정 조절이라는 게 이런 거구나,' 하고 깨닫게 되었다. 사실 감정 조절이라는 것에 정답은 없다. 각자에게 맞는 방법이 있을 수 있다. 그러나 모든 길에는 지름길이 있는 법. 10년 동안 상담을 다니면서 이 감정 조절을 효과적으로 가장 빠르게 하는 방법을 체득했다. 이 방법으로 감정을 다루는 것이 가장 좋다.

감정은 키우기 굉장히 까다로운 반려동물과 비슷하다. 집에서 미어캣을 키우는 것과 비슷한 난이도라고 보면 된다. 마음대로 아무 곳에 똥을 싸고, 벽지를 갉아먹고, 밥 주려고 하면 물고. 감정은 양육 난이도가 극상이다. 이런 감정을 잘 다루고 키우려면 제대로 된 방법을 알아야 한다. 준비가 되었는가?

1. 쓰기

다 해봤지만 쓰는 게 최고다. 자꾸 머릿속에서 맴도는 나를 불안하게 하는 생각들, '이렇게 되면 어떡하지?' 최악의 상상들, 나를 열받게 하고, 짜증 나게 하는 것들을 그냥 모조리 쓰는 것이다.

왜 써야 할까? 머릿속에 떠다니는 여러 생각과 감정을 눈에 보이게 하기 위해서다. 생각이랑 감정은 눈에 보이지 않고 만질 수도 없다. 그러나 분명 존재하고 있다. 그 친구들을 종이 위에 불러와, 내 눈에 보이게 만들어주는 작업을 해야 한다. 그렇게 막 쓰다 보면 내가 느낀 감정이 무엇인지를 알 수 있다.

2. 인지하기

우리는 생각보다 감정에 대해 잘 모른다. 어떤 감정이 있는지도 잘 모르고, 감정의 차이를 잘 구분하려고 하지도 않는다. 그럴 때 하면 좋은 것이 바로 감정에 이름 붙이기다. 내가 종이에 불러온 이 친구들의 이름이 무엇인지를 찾아보는 거다. 감정을 잘 모른다면 아래의 감정 단어를 참고하는 것이 좋다.

[감정 단어 목록]

기쁜, 불안한, 의기양양한, 슬픈, 화난, 두려운, 신난, 외로운, 희망에 찬, 좌절한, 감사하는, 평화로운, 압도된, 자신 있는, 죄책감 있는, 자랑스러운, 부끄러운, 호기심 많은, 질투하는, 안도하는, 영감을 받은, 절박한, 그리운, 부러워하는, 우울한, 후회스러운, 실망한, 낙관적인, 배신당한, 동정심 많은, 분개한, 만족스러운, 결심한, 상처받은, 짜증 난, 열망하는, 불안정한, 황홀한, 당황한, 평온한, 굴욕감을 느끼는, 감사하는, 열정적인, 충격받은

감정은 이름을 붙여주는 순간 잠잠해진다. 진짜로 그렇다. 감정은 에너지이기 때문에, 거의 생명체랑 비슷하다. 얘가 자기 이름을 몰라서 자꾸 날뛰는 거다. 이름을 붙여주고 불러주면 좀 얌전해진다. 미어캣들도 자기 이름을 반복적으로 학습시키면 알아듣고 반응한다. 감정도 똑같다. 숨겨왔던 이름을 불러주는 것만으로도 효과가 있다.

이름을 잘 붙여줬으면 이제 마음껏 느껴야 한다. 이것이 감정을 해소할 수 있는 유일한 방법이다. 느끼는 방법은 다음과 같다. 눈을 감고, 감정이 느껴지는 신체 부위에 집중하고 그 감정을 온몸으로 느껴보는 것이다. 보통 감정은 주로 심장에서 많이 느껴진다. 그럴 때 심장에 손을 올리고 그냥 느끼면 된다. 부정적인 감정은 이렇게 다뤄줘야 사라진다. 그 전엔 절대로 사라지지 않는다.

나는 보통 이 작업을 할 때 심장이 답답하다는 느낌을 많이 받는다. 나는 주로 불안감을 자주 느끼는데, 그때 뭔가 답답하다는 느낌이 들곤 한다. 눈을 감고 호흡하면서 감정을 힘껏 느끼고 나면 정말 신기하게도 불안감이 옅어진다. 포인트는 '있는 힘껏' 느껴보는 것이다. 내 가슴 속에 있는 이 감정을 최대한 끌어올려서 힘껏 느껴보자. 그래야 사라진다.

쓰기 – 인지하기 – 느끼기. 그동안 여러 가지 상담 기법들과 전략들을 경험해봤지만, 이 순서대로 감정을 조절하는 것이 가장 효율적이다. 위에 적어둔 설명만으로 충분히 혼자서도 할 수 있는 프로세스다. 이 프로세스를 잘 익혀두면 감정에 생각이 잡아먹히는 일이 줄어든다. 남에게 나의 감정을 배설할 일도 사라진다. 이 작업을 하는 것만으로 정서 지능이 올라간다.

Action

최근 많이 한 생각을 적어보세요.

그 생각에 묻은 감정을 찾아보세요.

'쓰기 – 인지하기 – 느끼기' 3단계를 실천해보세요.

4

가성비 최고!
10분 투자로 자존감을 올려라

요즘은 상담도 꽤 비싸다. 상담을 받으려고 해도 이런 비용적인 문제 때문에 다음으로 미루는 사람들이 있을 것이다. 굳이 비싸게 돈을 들이지 않더라도 딱 10분의 투자로 즉각적인 효과를 보는 방법이 있다. 바로 소개하겠다. 감칭감성비 일기이다.

이 일기는 내가 여러 가지 일기를 써보고 가장 좋았던, 도움이 되었던 것들을 조합한 무적의 일기다. 쓰는 데 딱 10분 정도 걸린다. 아래의 순서대로 일기를 써야 자존감이 올라가는 효과를 볼 수 있다.

1. 감정

오늘 내가 느낀 여러 가지 감정을 생각나는 대로 쓴다. 문장은 웬만하면 '~를 느꼈다.'로 끝내는 것이 좋다. 이때 긍정적인 감정과 부정적인 감정 모두 다 써야 한다. 그날 하루를 되돌아보면서 나에게 비중이 컸던 감정들을 주로 쓰면 된다.

2. 칭찬

어른이 된 우리는 칭찬을 받을 일이 별로 없다. 그래서 내가 나에게 해줘야 한다. 오늘 하루를 어떻게 보냈는지는 내가 가장 잘 안다. '나 이건 진짜 칭찬받을 만하다.' 싶은 것들을 적어보자. 많을수록 좋다!

3. 감사

감정과 칭찬으로 스스로를 잘 달래주었으니 이제 감사할 마음이 좀 올라온다. 내가 당연하게 누리고 있는 것들에 감사를 표하자. 인물, 사물, 장소, 상황, 음식 등 뭐든 좋다. 나를 둘러싼 이 모든 세계는 모두 감사한 것이다.

4. 성찰

성찰은 딱 1가지만! 해야 한다. 정말로 고치고 싶고 지키고 싶은 것을 1가지 고르자. 4~5개 고르게 되면 어차피 까먹고 하기도 어렵다. 잠 일찍 자기, 쇼츠 30분 줄이기, 책 10분 읽기 등 정말 고칠 것 1가지만 골라서 쓰자.

5. 비전

미래의 나와 현재의 나를 연결시켜주는 시간이다. 미래에 내가 이루고자 하는 목표, 꿈, 장면을 구체적으로 묘사해보자. 웬만하면 눈에 보일 정도로 구체적인 게 좋다.

이렇게 감칭감성비 조합으로 일기를 쓰게 되면 상담 10회 다닌 것과 비슷한 효과가 있다. 그리고 즉각적으로 자존감이 올라가는 것을 느낄 수 있다. 거짓말 같다고? 백문이 불여일견. 직접 한번 해보자. 아래의 일기를 참고해서 오늘 하루의 감칭감성비 일기를 써 보자.

[2024년 7월 2일]

감정

새벽 기상을 하고 집중해서 강의를 듣는 것이 재미있었다. 약속에 늦어서 죄송했다. 비가 많이 와서 옷이 젖어 불쾌했다. 얼굴 부기가 빠져서 기분이 좋았다.

칭찬

새벽에 일어나 집중하기 위해 노력한 나를 칭찬한다. 목표를 구체적으로 정하고 행동 계획을 세운 나를 칭찬한다. 시간을 알차게 쓴 나를 칭찬한다. 일을 지체하지 않고 완수하는 나를 칭찬한다.

감사

소소한 대화를 나누며 맛있는 한 끼 식사를 할 수 있음에 감사합니다.

늘 나를 지지하고 응원해주는 가족들에게 감사합니다. 내 손으로 이뤄나갈 수 있는 미래에 감사합니다.

성찰

잠을 일찍 자자! 10시에 침대에 눕기.

비전

나는 마음이 지친 여성들에게 희망과 용기를 준다. 더 많은 여자들이 다이아몬드 마인드셋으로 원하는 삶을 살도록 돕는다.

 Action

'감칭감성비' 일기를 써보세요.
자존감이 올라가는 걸 느껴보세요!

5

당신의 인생이
잘 풀리지 않는 진짜 이유

쉬운 성공이라는 건 없다. 쉽다, 어렵다는 상대적인 개념이기 때문이다. 그러나 요즘 사람들이 반응하는 콘텐츠들을 분석해보면 다들 '쉬운 성공'을 원하는 것 같다. 이들이 쉬운 성공을 원하는 이유는 '나도 할 수 있다.'는 믿음을 받고 싶기 때문이다. '할 수 있을까?' 또는 '나는 할 수 없어.'라는 생각이 지배적이기 때문에 타인으로부터 '너도 할 수 있어.'라는 메시지를 받고 싶은 것이다. 방법이 쉬우면 나도 할 수 있으니까!

그러나 아무리 타인, 유튜브, 책 등을 통해 머리에 긍정적인 자극을 넣어줘도 스스로 머릿속에서 '나는 안 될 것 같아.'로 바꿔버리는 경우가 대부분이다. 여기서 성공하는 사람들과 성공하지 못하는 사람들의 격차가 벌어진다. 내가 스스로에게 계속적으로 하는 말, 계속적으로 암시하는 말은 나의 무의식이다. 내 무의식에 '너는 안 돼.' 부류의 부정적인 암시가 가득하면 그것이 무엇이든 성공할 수 없다.

나는 모든 것은 마인드에서 시작된다고 생각한다. 마음은 인간만이 가지는 것이고, 이 마음 때문에 인생의 판도가 바뀐다. 스탠퍼드대학교의 유명 심리학 교수인 캐럴 드웩은 성장형 마인드셋을 가진 사람들이 고정형 마인드셋을 가진 사람보다 학업 성취도 및 직장 업무 수행에서 두각을 보이고 더 좋은 성과를 낸다고 말한다. 성장형 마인드셋을 가진 사람들은 자신의 능력과 지능이 노력, 학습, 끈기를 통해 개발될 수 있다고 믿는다. 반대로, 고정형 마인드셋을 가진 사람들은 자신의 능력이 정적이고 변하지 않는다고 믿는다. 그녀의 연구에 따르면 성장형 사고방식을 가진 개인은 고정형 사고방식을 가진 사람에 비해 어려움을 극복하고 성공할 가능성이 더 높다.

위대한 업적을 이룬 자들은 하나같이 위대한 마음을 가진 사람들이었다. 불행한 결혼 생활과 이혼을 겪은 한 여자가 있었다. 복지 혜택을 받는 미혼모에 우울증에까지 시달렸지만 꿈을 잃지 않았다. 딸이 자는 동안 카페에서 첫 번째 해리포터 책을 썼다. 출판사로부터 수많은 거절을 당했음에도 불구하고 포기하지 않았다. 그 모든 노력의 결과물이 지금의 해리포터를 만들어냈다. '해리포터' 시리즈는 80개 언어로 번역되어 전 세계적으로 5억 부 이상 판매되었다. 현재 J.K. 롤링의 순자산은 10억 달러, 원화로는 1조 3천억 원으로 추산된다.

미국의 극빈곤층 지역에서 태어나 학대와 인종차별을 겪었지만 꿈을 잃지 않은 한 소녀가 있었다. 가난을 벗어나기 위해 공부했고 장학금을 받고 대학에 들어갔다. 직장에 들어가서도 인종차별의 굴레에서 벗어날 수 없었다. 뉴스 앵커 자리에서 강등되었지만 포기하지 않았다. 오히려 이를 기회로 삼아 자신의 강점을 극대화하는 〈오프라 윈프리 쇼〉를 론칭했다. 〈오프라 윈프리 쇼〉는 1986년부터 2011년까지 25개 시즌에 걸쳐 방영되었으며 미국 역사상 가장 높은 평가를 받은 주간 토크쇼가 되었다. 현재 오프라의 순자산은 27억 달러, 원화로는 3조 원으로 추정된다.

이것이 마인드의 힘이다. 마인드를 바꾸면 생각이 바뀌고, 생각이 바뀌면 행동이 바뀌고, 행동이 바뀌면 인생이 바뀌게 된다. 여러분도 롤링과 윈프리처럼 인생을 바꿀 수 있다. 모든 것은 마인드에 달렸다.

그리고 이런 위대한 마인드를 수련하는 첫 번째 방법이 무의식 정화다. 우리의 무의식은 더럽다. 정확히는 더럽혀져 있다. 누가 더럽혔을까? 처음엔 외부 세계에 의해서 더럽혀진다. 어린 시절 부모님, 친구, 선생님 등에 의해 부정적인 암시의 씨앗이 심긴다. 이 씨앗은 그냥 가만히 두기만 해도 쑥쑥 자란다. 깊게 뿌리까지 내린다. 어느덧 외부의 목소리는 내면의 목소리가 되어 끊임없이 자신을 괴롭히게 된다. 어른이 되면 이 목소리는 긍정적인 입력마저 부정적으로 해석해 버리게 만든다. '지금 나를 무시한 거야?', '네까짓 게 뭔데 나한테 이래라 저래라야?'처럼 공격적인 모습으로 나타나기도 하고, '나는 부족해.', '나는 안 될 거야.' 같은 의기소침한 모습으로 나타나기도 한다. 이 목소리들은 절대 멈추지 않는다. 심지어는 우리가 잠들었을 때도 발동한다. 가끔씩 '뭐 이런 꿈을 꾸지?' 싶은 꿈들은 정신분석적으로 해석해보면 대부분 부정적인 감정의 무의식적인 발현이다. 죽을 때까지 우리를 따라다닌다. 생각만 해도 끔찍하지 않은가?

그래서 무의식을 바꿔야 하는 것이다. 내 머릿속에서 끊임없이 나를 공격하는 나를 없애고 싶다면 무의식 정화를 시작해야 한다. 바꿔야 할 무의식이 많은데 크게 카테고리를 나눠보면 다음과 같다.

돈 무의식
가족 무의식
자아 무의식

수많은 여성 고객을 상담하면서 대부분의 무의식 문제는 이 3가지 영역 안에서 계속 돈다는 걸 알게 되었다. 이 3가지 영역은 긴밀하게 연결되어 있기 때문에 대부분의 경우 3개 다 망가져 있다.

그럼 무의식 정화를 하면 뭐가 좋을까? 가장 큰 메리트는 심리적인 불안감, 두려움, 걱정 등의 부정적인 감정에서 자유로워질 수 있다는 것이다. 자유로워진다는 것은 그런 감정을 안 느낀다는 것이 아니라, 스스로 조절과 통제가 가능해진다는 말이다. 우리가 종종 감정에 휩싸여 불안해하고 두려워하고 걱정하면서 쇼츠로 주의를 돌리는 건 일단 1차적으로는 감정 조절법을 몰라서이고, 근원적으로는 무의식 정화가 안 됐기 때문이다. 그래서 2가지를 동시 병행해야 한다. 앞서 소개한 감정 조절법 3단계를 익히고, 동시에 무의식 정화도 같이해야 한다.

감정 조절법 3단계 = 진통제
무의식 정화 = 치료제

부정적인 감정들로부터 자유로워진다는 것은 엄청난 성과다. 인간인 이상 늘 마음이 괴로운 채로 살아갈 수밖에 없다. 대부분의 인간이 그렇다. 마음이 괴로운데 그걸 푸는 방법을 몰라 주변을 괴롭게 하고 세상을 시끄럽게 하는 인간들이 점점 늘어나고 있다. 그런 번뇌에서 자유로워지고 마음의 평화와 함께 내가 바라는 성공에 대한 확신을 가지고 묵묵히 앞으로 걸어 나갈 수 있게 된다.

대한민국 부모 99%는 모르는
무의식 세팅법

　더러운 무의식을 갖고 살아왔다면? 괜찮다. 청소하면 된다. 무의식 정화는 하기 전에는 자기가 얼마나 더러운 상태인지 잘 모른다. 청소도 하다 보면 묵은 먼지와 때들을 보면서 '이렇게 더러웠다고?' 하고 놀라지 않는가? 무의식 정화를 한 번도 안 해본 사람들은 자기 무의식이 얼마나 더러운지 잘 모른다. 근데 막상 해보면 하나같이 이런 반응이다. '내 무의식에 문제가 이렇게 많았다고?'

　무의식 정화를 제대로 한다면 여러분의 삶은 잘 풀릴 수밖에 없다. 행복해질 수밖에 없다. 일단 정서적으로 안정되면서 두뇌가 활성화되기 시작한다. 감정이 사고를 방해할 일이 없으니 객관적이고 합리적인 사고가 가능해진다. 깊은 성찰 끝에 내가 이 삶에서 이루고자 하는 것이 무엇인지 알게 된다. 사명과 비전을 세우게 되고 목표를 수립할 수 있게 된다. 내가 정말로 원하는 삶, 원하는 미래를 선명하게 그리게 된다. 그렇기 때문에 지금 당장 내가 무엇을 해야 할지도 알게 되며, 지체 없이 실행하게 된다. 행동을 하면 삶은 바뀔 수밖에 없다. 앞서 소개한 롤링과 윈프리도 정확히 이 프로세스에 의해 지금의 모습을 달성할 수 있었다. 그렇기 때문에 무의식 정화의 가치는 무한이다. 일단 3조까지는 무조건 가능하다. 당신이 넥스트 윈프리가 되지 못할 이유가 없다. 그저 선택할 뿐이다. 300만 원짜리 삶을 살지, 3조 원짜리 삶을 살지는 오롯이 나의 선택이다. 마인드를 바꿔버리면 모든 것이 변하기 때문이다. 돈으로 환산하는 게 불가할 정도의 가치가 있는 작업이다. 당신이 당신의 삶을 사랑한다면, 미래의 나를 더 나은 곳으로 데려가고 싶다면 무의식 정화는 반드시 해야 한다.

무의식 정화를 하는 가장 기본적인 방법은 시간 여행을 하는 것이다. 과거로 가야 한다. 우리의 모든 고통은 과거에서 시작되었다. 현재 내가 자주 느끼는 감정이 불안함이라면, 그 불안함이라는 감정을 느꼈던 과거의 장면들로 시간 여행을 가야 한다.

우리가 군이 현재가 아니라 과거로 돌아가야 하는 이유가 무엇일까? 인간이 가장 연약하고 나약할 때가 언제일까? 바로 어린 시절이다. 이때는 자아가 형성되지 않았고, 생존하기 위해서는 부모가 필요하다. 그렇기 때문에 아이에게 부모는 신과 같다. 이때 우리의 자아는 매우 연약하고 쉽게 상처받는다. 누구나 상처받은 어린 시절의 기억이 있는 이유다. 이때 감정을 느끼고 해소하는 법을 배워야 하는데 우리나라 대부분의 부모들은 본인들도 그 방법을 모른다. 그래서 대부분은 '그만 울어!', '너만 왜 이렇게 유난이야!'라거나 '울지 말고 말을 해!'라는 식의 반응을 한다.

상담을 해보면 대부분의 사람들이 어린 시절에 해소하지 못한 감정을 가지고 살아간다. 그리고 그 감정이 현재에 똑같이 되살아나 나를 괴롭게 하는 것이다.

겉으로 보기에는 참 밝고 사교성도 좋은 A였다. 근데 상담이 진행될수록 그녀는 다른 사람들에게 자신의 속마음을 꺼내기가 어렵고, 친구나 연인과 함께 있어도 외로움을 자주 느낀다는 사실을 고백해왔다. 그녀의 '외로움'이라는 감정은 어디서 시작된 걸까? 근원을 찾기 위해 시간 여행 작업을 진행했다. 근원 기억을 찾기 위해 거슬러 올라갔다. 그녀의 현재 외로움은 어린 시절에 믿었던 친구에게 배신당했던 경험과 맞벌이를 하던 부모님으로부터 시작되었다. 마음을 주었던 친구가 한순간에 나를 멀리하고 떠나면서 나는 역시 혼자라는 생각과 함께 외로움이 밀려왔다. 맞벌이를 하느라 부모님과 많은 시간을 보내지 못한 그녀는 늘 외로웠다. 더 이상 어린아이가 아니지만 여전히 얼어붙은 '내면 아이'가 있기 때문에 현재에도 괴로움이 계속된 것이다. 이 사실을 자각하지 못하면 현재에서 문제를 해결하려고 한다. '남자 친구를 만나면 괜찮아지겠지.' 그러나 전혀 해결되지 않는다. 남자 친구가 이 근원적인 외로움을 절대로 해결해줄 수 없다. 그러나 대부분의 사람들은 이 사실을 모르고 자꾸 현재에서 문제를 해결하려고 든다. 이 외로움을 해결할 방법은 시간 여행을 통해 그 아이를 다시 만나는 것뿐이다. 시간 여행을 통해 어린 시절 외로웠던 스스로를 충분히 위로하고 사랑해주는 작업을 했다. 우리의 마음에는 물리적인 시간의 법칙이 적용되지 않는다. 고도의 몰입을 한다면 얼마든지 과거를 현재처럼 느낄 수 있고, 과거의 기억들과 감정들도 여전히 현재에 실존한다. 이는 정말로 감사할 일이다. 마음이 시간에 영향을 받지 않기 때문에 현재 어른이 된 내가 다시 어린 나를 사랑으로 키울 수가 있는 것이다. 이렇게 나의 감정에 몰입해 충분히 느끼고 감정을 해소해주면 현재의 문제도 해결이 된다. 이유도 없이 나를 괴롭히던 감정들이 사그라든다.

무의식 정화는 혼자서 하는 레벨이 되기까지 수련이 필요하다. 하지만 이 책을 읽는 독자들을 위해 무의식 정화가 잘되는 치트키 질문을 공개하려고 한다.

스스로에게 이런 질문을 던져보자. '과거에 이런 비슷한 감정을 느껴본 적이 있나요? 언제인가요?' 이 질문에 대한 답을 떠올릴 때는 생각하지 말고 그냥 떠오르는 대로 말하거나 적어야 한다. 이 질문으로 시작해서 계속 물고 늘어지면 된다. 나는 이 작업을 과거 해체라고도 부른다. 혼자서 무의식 정화를 할 수 있는 가장 좋은 방법이 바로 과거 해체 글쓰기다. 과거 해체 글쓰기에 대해서는 다음 파트에서 자세히 소개하겠다.

Action

'과거에 이런 비슷한 감정을 느껴본 적이 있나요? 언제인가요?'
질문을 듣고 떠오르는 장면 3개를 적어보세요.

7

강한 사명으로 무장해라

무의식 정화를 할수록 여러분의 삶이 변하는 속도도 빨라지게 된다. 여기에 가속도를 붙일 수 있는 요인이 하나 더 있다. 바로 '동기', 강한 why? 다. 내가 왜 성공해야 하는지, 왜 나의 꿈을 이뤄야 하는지, 왜 지금 이 행동을 해야 하는지 스스로 명확하게 알아야 한다.

인간은 '왜'가 없으면 움직이지 않는다. 다이어트를 해야 하는데, 3일 만에 포기하게 된다. 책을 읽기로 다짐했지만 쇼츠를 넘기고 있는 나를 발견한다. 운동을 해야 한다는 걸 아는데, 침대에 눕게 된다. 왜 그럴까? 강한 '왜'가 없기 때문이다. 여러분이 정말로 새로운 도전을 하고 압도적인 성공을 일구어가고자 한다면, 그에 걸맞은 간절함과 절박함이 있어야 한다.

역사에서 위대하다고 칭송받는 인물들은 강렬한 'Why'를 가지고 있었다. 세종대왕이 한글을 창제하고, 『농사직설』을 만든 이유가 무엇일까? 백성을 사랑했기 때문이다. 이순신 장군이 감옥에 다녀와서도 목숨을 걸고 전쟁에 나가 싸운 이유는 무엇이었을까? 왜군으로부터 우리나라를 지키기 위해서였다. 이처럼 위대한 인물들에게는 강한 동기, 강한 열정, 강한 사명이 있었다.

강한 Why?는 2가지로 만들어진다. 바로 절박한 회피 동기와 간절한 접근 동기이다. 회피 동기(Avoidance Motivation)는 부정적인 결과나 불쾌한 상황을 피하려는 욕구에서 비롯되는 동기이다. 보통 실패, 비판, 불안, 스트레스 등을 회피하고자 할 때 활성화된다. 회피 동기는 개인이 위험을 회피하거나 안전을 추구하도록 한다는 이점이 있지만, 때로는 행동을 억제하기도 한다. 이러한 동기는 단기적으로는 불쾌한 상황으로부터 보호할수 있지만, 장기적으로는 성장과 발전의 기회를 제한할 수 있다. 쉽게 말해서, 지금처럼 사는 것을 피하고 싶은 마음이다. 회피 동기의 세부 내용은 사람마다 다르다. 돈이 부족하다거나, 지금 직장에서는 자아실현이 안된다거나, 현재의 삶이 만족스럽지 않은 것 등이 모두 회피동기에 속한다.

접근 동기(Approach Motivation)는 긍정적인 결과나 보상을 추구하려는 욕구에서 비롯되는 동기다. 접근 동기는 성공, 칭찬, 즐거움, 만족 등 긍정적인 경험을 얻기 위해 활동하도록 해준다. 우리가 성공하기 위해서는 이 접근 동기가 중요하다. 정말로 내가 이루고 싶은 무언가가 있어야 한다. 누군가에게는 사명일 수도 있고, 시그니엘일 수도 있다.

이 글을 읽는 여러분이 사명과 시그니엘을 모두 잡는 현명한 선택을 하기를 바란다. 돈을 좇는 것은 쉽다. 하지만 계속해서 쉬운 길을 가다 보면 언젠가 분명 함정을 만나게 된다. 그럴 때 함정에서 우리를 구제해주는 것이 바로 사명이다. 사명은 내가 늘 올바른 선택을 할 수 있게 도와주는 나침반이다. 이 길을 가도 될까? 이 선택을 해도 될까? 고민이 될 때, 유혹에 빠지려 할 때, 사명을 떠올려야 한다. 나만의 강한 Why?를 계속해서 찾아나가자. 사명은 하루아침에 완성되지 않는다. 사명은 계속해서 변화하고 발전한다. 여러분이 성장할수록 사명도 더 위대해진다.

짧은 이야기를 하나 들려주고자 한다.

저녁때가 되자 제자들이 예수께 와서 "여기는 외딴곳이고 시간도 이미 늦었습니다. 그러니 군중들을 헤쳐 제각기 음식을 사 먹도록 마을로 보내시는 것이 좋겠습니다." 하고 말하였다. 그러나 예수께서는 "그들을 보낼 것 없이 너희가 먹을 것을 주어라." 하고 이르셨다. 제자들이 "우리에게 지금 있는 것이라고는 빵 다섯 개와 물고기 두 마리뿐입니다." 하고 말하자 예수께서는 "그것을 이리 가져오너라." 하시고는 군중을 풀 위에 앉게 하셨다. 그리고 빵 다섯 개와 물고기 두 마리를 손에 들고 하늘을 우러러 감사의 기도를 드리신 다음, 빵을 떼어 제자들에게 주셨다. 제자들은 그것을 사람들에게 나누어주었다. 사람들은 모두 배불리 먹었다. 그리고 남은 조각을 주워 모으니 열두 광주리에 가득 찼다. 먹은 사람은 여자와 어린이들 외에 남자만도 오천 명가량 되었다.

성경에 등장하는 '오병이어' 이야기이다. 예수님께서 빵 다섯 개와 물고기 두 마리로 오천 명을 먹이는 기적을 행한 이야기다. 이 이야기를 듣고 어떤 느낌을 받았는가? 모태 신앙인 내게 오병이어는 특별할 것 없는 익숙한 이야기였다. 예수님이 행하신 여러 기적 중 하나라고 생각했다. 열일곱 살, 김동호 목사님의 설교를 듣기 전까지는 말이다. '오천 명을 먹이는 사람이 되어라.'라는 메시지의 설교였다. 그때 내가 세상에 태어난 이유를 직관적으로 깨달았다. 나는 오천 명을 먹이는 사람이 되어야겠구나. 그게 내게 주어진 사명이구나!

때마침 부모님께서 교대에 가기를 권하셨다. 교육 봉사를 하면서 아이들과 함께 보낸 시간이 꽤 즐거웠다. 아이들을 잘 길러내어 이 아이들이 사회에 나가 세상을 변화시킨다면, 교사로서도 오병이어의 꿈을 이룰 수 있겠구나! 그리고 무엇보다 교육 봉사를 하며 만난 아이들처럼 벼랑 끝에 내몰린 아이들에게 울타리가 되어주고 싶었다. 그렇게 교대에 입학하고, 교사가 되었다.

하지만 현실의 벽이 나타나기 시작했다. 교사가 아이들을 변화시키는데는 한계가 있었다. 아무리 학교에서 선생님이 노력해도, 가정환경까지 바꾸어줄 수는 없었다. 사람이 태어나서 가장 첫 번째로 소속되는 집단이자, 보고 배워야 하는 어른이 존재하는 가정환경의 영향력이란 생각보다 거대했다. 설령, 아이들이 변화한다 하더라도, 눈으로 확인할 수가 없다. 당장 변화가 눈에 나타날 수도 있지만, 5년, 10년, 50년 뒤에 변화할 수도 있기 때문이다.

그리고 25명의 학생들을 전부 통솔하고 교육하기에 교사 1명이라는 숫자는 너무나 가혹했다. 모든 아이들에게 관심을 주고 사랑을 쏟고 싶어도 불가능했다.

교사가 짊어져야 하는 것들이 너무 많았다. 벼랑 끝에 내몰린 아이들에게 튼튼한 울타리가 되어주기엔 교사인 나는 너무나 미약했다. 그리고 결심했다. '아, 학교를 세워야겠다.' 가정에서도 사회에서도 보호해주지 않는 아이들을 위한 학교. 그 아이들이 자기가 하고 싶은 공부를 마음껏 할 수 있는 학교. 교사들이 행복한 학교! 학교를 세우려면 돈이 아주 많이 필요하다. 어떤 규모의 학교인지에 따라 다르겠지만, 내가 원하는 규모와 형태를 갖추려면 자금이 꽤 필요하다. 제대로 된 보금자리가 없는 아이들에게 숙식을 제공하는 형태의 기숙학교를 세우고 싶었다.

그렇게 나는 여러 가지 시도를 하게 되었고, 하면 할수록 교사라는 길이 내가 만들어가고 싶은 인생이 아님을 확신하게 되었다. 그렇게 교직을 그만두고 사업을 시작했다. 사업을 일구어나가면서도 여러 우여곡절이 있었다. 잘되는 때도 있었지만, 예상치 못한 어려움이 닥쳐오는 때도 있었다. 그때마다 나를 버티게 해준 것은 돈이 아니라 사명이었다. 내가 이 일을 왜 시작했는지, 이 일을 하는 이유가 무엇인지, 이 일을 통해 어떤 세상을 만들어가고 싶은지가 나를 견디게 해줬다.

강한 사명은 당신의 무한한 잠재력을 일깨워준다. 인간은 명분으로 움직이는 동물이기 때문이다. 강한 신념과 사명이 존재하는 한 당신은 무너질 수 없다. 그렇다면 사명은 어떻게 찾아야 할까?

사명을 가장 논리적으로 찾을 수 있는 방법은 인생 분석이다. 우리가 분석해야 할 것은 총 3가지다. 첫 번째는 내부 요인이다. 이 내부 요인은 내가 '타고난' 것이라고 생각하면 쉽다. 내가 타고나기를 남들보다 조금이라도 잘하는 것들이 있다. 타고나기를 말을 잘하는 사람이 있고, 글을 더 잘쓰는 사람이 있다. 이 내부 요인들은 내가 딱히 노력을 쏟지 않아도 저절로 그냥 잘하는 것들이다. 두 번째는 외부 요인이다. 외부 요인은 내가 살아온 '환경'에 의해 잘하게 된 것이다. 주로 가정환경, 학창 시절, 거주환경 등에 의해 결정이 된다. 예를 들어서 10대에 외국으로 유학을 다녀온 경험이 있기 때문에 영어를 잘하게 되었다든지, 학창 시절에 반장, 부반장 역할을 자주 맡게 되어서 남을 잘 이끈다든지 등이다. 세 번째는 내가 세상을 살면서 '고치고 싶다.'라고 생각한 것들이다. 내가 삶에서 문제의식을 느꼈던 것, 저거 정말 바꾸고 싶다고 생각한 지점이다. 이 3가지를 생각나는 만큼 브레인스토밍을 한 뒤에 하나씩 조합하다 보면, 내가 정말로 살고 싶은 삶이 무엇인지 알게 된다.

한 가지 주의할 점이 있다. 앞에서도 말했지만 사명은 절대로 한순간에 찾아지지 않는다. 사명은 계속해서 발전시켜 가는 것이 제일 좋다. 내가 경험하는 것들이 많아지고 세상을 보는 시각의 폭이 넓어질수록 사명이 견고해진다. 또한 선택의 순간에 명확한 의사 결정 기준이 생기게 되기 때문에, 잘못된 판단을 방지할 수 있다. 여러모로 사명은 일찍 찾는 것이 이득이다.

인생 분석으로 사명을 찾아 1줄로 정리해보세요.

3부

무의식 정화

1장

무의식 정화가
성공의 핵심이다

사람마다 원하는 삶의 형태와 목적지가 있다. 누군가는 막대한 부를 얻고 자본주의 사회에서 승리하는 것을 목표로 삼지만 누군가는 정반대의 삶을 추구하기도 한다. 그것이 무엇이든 간에 자신이 진심으로 원하고 그리는 삶을 이루는 것이 성공이다.

그러나 대부분의 사람은 자신이 무엇을 원하는지 모른 채로 살아간다. 알려고 하는 노력조차 하지 않는다. 세상에서 원하라고 정해준 것을 원하며 살아간다. 자신이 원하는 것이라고 믿으면서 말이다. 나 또한 그랬다. 세상이 나에게 여자로 태어났으면 안정적인 직업을 가져야 한다고 해서 안정적인 직업을 추구했다. 세상이 내게 여자는 그 정도면 됐다고 해서 현실에 안주하기를 택했다. 그러나 이런 선택이 쌓여갈수록 나의 가슴 한구석에는 구멍이 나고 있었다. '이게 정말로 내가 원하는 삶일까?', '정말로 내가 원하는 건 뭐지?' 알 수 없었다.

하지만 그럴수록 현실은 더욱 각박해져 갔다. 내가 나의 미래를 고민하는 사이 교권은 바닥으로 추락했다. 교직에 몸담은 동료 교사들은 전혀 행복해 보이지 않았다. 내 살길을 찾고자 돈 공부, 경제 공부를 시작했고 그 과정에서 읽게 된 수백 권, 수천 권의 책들을 통해 멈춰두었던 무의식 정화에 가속을 할 수 있었다. 그렇게 독서와 글쓰기에 몰입하면서 미해결되었던 무의식까지 정화를 시작했다. 무의식 정화를 하면, 나를 옭아매던 부정적인 감정이 사라지면서 미뤄왔던 도전과 실행을 하게 된다.

이것이 무의식 정화가 성공의 핵심인 이유다. 인간인 이상 부정적인 감정을 피할 수 없다. 이 감정들은 늘 우리의 발목을 잡는다. 이 감정들을 해소하지 않으면 당신은 계속해서 두려워하고 불안해하고 분노하고 슬퍼할 것이다. 그러나 정화 작업을 통해 무의식에 쌓인 감정들을 해소한다면 어떻게 될까? 감정이 해소되면 생각이 바뀌고, 생각이 바뀌면 행동이 바뀐다. 행동이 바뀌면서 이전과는 다른 선택을 하게 되고, 결국 인생이 변화하게 된다. 이것이 무의식 정화가 인생을 바꾸는 메커니즘이다. 누구나 무의식 정화를 훈련하고 실천한다면 삶에 변화를 만들 수 있다.

감정 ➡ 생각 ➡ 행동 ➡ 선택 ➡ 인생

무의식 정화의 목적은 '현재의 평안'이다. 우리의 마음이 시끄러우면 모든 일이 안 풀린다. 되는 게 하나도 없다. 어떤 일이 일어나든 간에 그것을 부정적으로 해석하게 된다. 부정 선글라스를 끼게 되면 나 자신도 제대로 볼 수가 없다. 그래서 나의 나약한 면, 안 좋은 면만 보게 된다. 자신을 깎아내리고 공격하는 패턴이 형성되는 것이다. 24시간 내내 이렇게 자신을 공격하는데 마음이 편할 수가 없다. 여기에 나를 괴롭히고 힘들게 하는 직장 생활, 근무 환경, 가족 관계, 친구 관계, 연인 관계가 붙어버리면 진짜로 증상이 나타나기 시작한다. 만성피로, 번아웃, 우울증, 공황장애, 자살 충동 등 상황에 따라 경중이 다른 증상들이 생긴다.

이러한 증상들의 특징은 낫기까지 시간이 오래 걸린다는 것이다. 약을 먹는다고 해서 한순간에 해결되지도 않는다. 왜냐하면 여전히 그 직장을 다니고, 그 가족을 봐야 하고, 그 연인을 끊어내지 못하기 때문이다. 우리의 외부 환경을 하루아침에 바꿔버리기는 쉽지 않다. 그래서 많은 이들이 '다 그렇게 살아. 너도 좀만 참아.' 하면서 타협을 선택한다. 그 타협이 자신의 영혼을 잠식시키는 일인지도 모른 채 말이다.

요즘 사람들을 보면 몸은 멀쩡한데 마음이 병들어 있는 사람들이 너무 많다는 생각이 든다. 의료 기술의 발달과 다이어트 시장의 고도화로 사람들은 점점 더 건강해지고 날씬해지고 있다. 그러나 우리의 마음은 어떤가? 갈수록 물가와 집값은 올라가는데 내 월급은 그대로이다. 돈을 열심히 벌어도 남는 것은 없고, 주변을 보면 다 나보다 잘사는 것처럼 느껴진다. 이런 상황 속에서 내 마음이 올바로 서지 못하면, 시류에 휩쓸려버리기가 쉽다. 부정적인 에너지가 쌓여 있는 펜듈럼에 휘둘리게 된다. 펜듈럼은 러시아 작가 바딤 젤란드의『리얼리티 트랜서핑』이라는 책에서 등장하는 개념이다.『리얼리티 트랜서핑』에서 '펜듈럼'은 특정한 에너지 구조를 나타내며, 개인의 주의와 에너지를 끌어들이는 집단적 사고나 행동 패턴을 의미한다. 펜듈럼은 사람들이 무의식적으로 자신의 에너지를 투입하게 만들어, 자신의 의지와는 상관없이 특정 방향으로 행동하도록 유도한다. 이는 사회적 규범, 이데올로기, 집단의 기대 등에서 나타날 수 있다. 펜듈럼에 대해 더 자세히 알고 싶다면『리얼리티 트랜서핑』을 읽어보는 것을 추천한다.

우리의 현실 세계에는 이러한 펜듈럼이 무수히 많다. 자칫 잘못하면 이 펜듈럼에 휩쓸리게 되고 심한 경우 잠식당한다. 펜듈럼에 잠식당한 사람들은 우리의 삶에서 쉽게 볼 수 있다.

치열한 입시 경쟁에 휩쓸린 부모들

많은 부모들이 자녀를 명문대에 보내기 위해 과도한 학습량을 강요하고, 사교육에 막대한 비용을 지출한다. 이러한 부모들은 사회적 압박과 경쟁 구도에 휩쓸려, 자녀의 행복과 건강을 희생시키면서까지 교육에 집착한다. 대한민국의 입시 경쟁은 많은 학생들의 스트레스와 우울증을 초래하고 있으며, 부모들은 이를 무시한 채 계속해서 자녀를 압박한다.

특정 연예인에게 악성 댓글을 다는 악플러들

연예인이나 공인에게 악성 댓글을 다는 사람들은 집단적 비난과 공격에 동참하며, 인터넷상에서 타인에게 심한 인신공격을 일삼는다. 이러한 악플러들은 자신이 속한 온라인 커뮤니티나 팬덤의 분위기에 휩쓸려 비이성적인 행동을 한다. 예를 들어, 특정 사건으로 논란이 된 연예인에게 집중적으로 악성 댓글을 달아 심리적인 피해를 주는 사례가 많다. 이들의 특징은 하나같이 익명 계정을 사용한다는 것이다.

과도한 소비주의와 명품 중독

현대사회에서는 명품과 고가의 물건을 소비하는 것이 성공과 행복의 척도로 여겨지는 경우가 많다. 이러한 펜듈럼에 잠식된 사람들은 자신의 경제적 능력을 초과해서라도 명품을 구매하고 과시하려 한다. 이는 결국 개인의 재정적 어려움과 스트레스를 초래하게 된다. 예를 들어, 명품 브랜드의 신제품이 출시될 때마다 줄을 서서 구매하거나, SNS에 자신이 산 명품을 자랑하는 행위 등이다.

정치적 이데올로기에 휩쓸린 사람들

정치적 펜듈럼에 잠식된 사람들은 자신의 정치적 신념이나 소속 정당의 이데올로기에 과도하게 집착한다. 이들은 반대 의견을 가진 사람들을 적대시하고, 비이성적인 논쟁을 벌이며, 가짜 뉴스나 음모론에 쉽게 휩쓸린다. 예를 들어, 선거철마다 각종 유언비어와 가짜 뉴스를 퍼뜨리며, 정치적 분열을 심화시키는 행동을 보이는 사람들이 많다.

외모에 집착하는 사람들

현대사회에서는 외모가 중시되면서, 많은 사람들이 성형수술, 다이어트, 고가의 패션 아이템 등에 집착한다. 이러한 펜듈럼에 휩쓸린 사람들은 자신의 본연의 모습을 잃고, 사회적 기준에 맞추기 위해 과도한 변화를 시도한다. 예를 들어, SNS에서 인기 있는 외모를 갖기 위해 무리한 성형수술을 감행하거나, 극단적인 다이어트를 하는 사람들이 있다.

우리의 현실에는 우리를 쥐고 흔드는 펜듈럼이 무수히 많이 존재한다. 수많은 펜듈럼이 우리가 잠식되기를 바란다. 펜듈럼은 영향력을 행사하며 영역을 확장하는 것이 제1 목표이기 때문이다. 우리가 이런 세계에서 마음의 평온을 유지하고 '나'를 오롯이 세우기 위해서는 무의식 정화가 필수적이다. 무의식에 해소되지 않은 감정이 많을수록 펜듈럼에 휩쓸리기가 쉽다. 기억하자. 인간의 모든 선택은 감정에서 비롯된다. 이렇게 무의식에 쌓여 있는 감정을 해소하면 어떻게 될까? 맑은 정신을 가지게 된다. 나를 방해하고자 하는 펜듈럼으로부터 자유로워질 수 있고, 정말로 내가 원하는 것에 집중할 수 있게 된다.

2장

인생을 바꾸는
무의식 정화 3원칙

제1 원칙 '정화'
– 트라우마를 마주하고 감정을 정화하라

이제부터 우리는 시간 여행을 할 것이다. 시간 여행의 목적지는 여러분의 과거이다. 그중에서도 가장 아프고 상처를 많이 받았던 때로 갈 것이다. 우리가 가고자 하는 곳은 과거이지만, 당신이 목적지에 도착하는 순간 모든 것이 생생하게 현재처럼 느껴질 것이다. 이 여행은 조금 힘들고 버거울지도 모른다. 그러나 여행이 끝난 뒤 여러분은 새로운 나 자신을 만나게 될 것이다.

시간 여행을 떠나려면 우선 어디로 갈 것인지를 정해야 한다. 시간 여행 목적지를 정하는 방법은 다음과 같다. 현재의 삶에서 지속적으로 나를 괴롭게 하는 감정이 무엇인지를 먼저 찾아낸다. 이 감정은 내가 힘들 때 가장 자주, 가장 크게 올라오는 감정이다. 직장에서 상사와 부딪혔을 때 누구는 분노를 느끼지만, 누군가는 불안함을 느낀다. 우리는 이 감정을 핵심 감정이라고 부른다. 핵심 감정은 편도체가 활성화되기 시작하면 강하게 느껴진다. 나를 지속적으로 짓누르고 힘들게 하는 감정이 무엇인지를 먼저 밝혀내자. 그 감정이 무엇인지 명확하게 이름을 붙여보는 것이다. 이름을 붙였다면, 왜 그런 감정이 드는지를 자신에게 묻는다. '직장 상사와 부딪혔을 때 왜 분노가 느껴지는가? 왜 불안한가?'를 스스로에게 물어보자. '자기 마음대로 하려고 해서 화가 난다.' 혹은 '저 사람이 나를 나쁘게 생각할까 봐 불안하다.' 등 나만의 이유가 있다. 여기까지 나를 힘들게 하는 감정을 명료화하고 그 감정이 불러일으켜지는 원인을 대략 파악했다면, 이제 시간 여행을 떠날 준비가 끝났다.

자, 이다음부터가 중요하다. 시간 여행을 시작하는 질문은 다음과 같다. '이전에도 비슷한 감정을 느낀 적이 있었는가?' 이 질문을 자신에게 던지고 가장 강렬하고 즉각적으로 떠오르는 장면을 꼽아보자. 이때 중요한 것은, 핵심 감정과 떠오른 기억의 연결성이다. 몰입이 잘되어 있는 상태라면 연결성이 높은 장면이 곧바로 떠오른다. 도착하고자 하는 목적지에 맞게 잘 도착한 것이다. 근데 몰입이 잘되어 있지 않거나 심리적으로 방어가 높은 사람이라면, 엉뚱한 기억이 송출될 때가 있다. 자신의 아픈 기억을 마주할 준비가 되어 있지 않기 때문에 마음이 거부하는 것이기도 하다. 이럴 때는 마음을 진정시키고 달래야 한다. 지금 우리가 떠나고자 하는 이 여행이 나에게 상처를 입히기 위함이 아니라 상처를 치유하기 위함임을 떠올리도록 한다. '괜찮아 안심해도 돼.'를 자신에게 육성으로 말하면서 진정시켜야 한다.

　마음이 충분히 진정되었으면 다시 질문에 몰입한다. '이런 감정을 느껴 본 적이 전에도 있었나요?'를 스스로 질문하면서 떠오르는 장면을 고른다. 가장 먼저, 그리고 가장 강하게 감정이 느껴지는 장면을 선택하면 된다. 지금부터 할 것은 감정을 느끼는 것이다. 감정을 느끼는 것은 굉장히 간단 하지만, 초보자들에게는 어렵게 느껴질 수 있다. 감정을 느끼는 가장 좋은 방법은 눈을 감고 감정이 느껴지는 부위에 집중하는 것이다. 상황에 따라서 감정이 느껴지는 신체 부위가 다를 수 있다. 머리, 가슴, 명치, 배 등 다양하다. 감정이 느껴진다고 생각되는 부분에 집중했으면, 호흡을 시작한다. 들숨에 지금 느껴지는 감정을 최대한 끌어올려서 있는 힘껏 느껴본다. 날숨에는 호흡을 고르고 정리한다. 이렇게 호흡을 천천히 반복하면서 감정을 100%, 200% 증폭시키듯이 느껴주는 것이다. 이 과정이 정화의 핵심이다. 우리가 그동안 부정적인 감정을 제대로 느껴주지 않고 외면하고 회피해왔고, 그 감정들은 내 심장에 차곡차곡 쌓였다. 그렇게 까맣게 쌓인 감정들이 우리의 불안 회로를 활성화한 것이다. 이렇게 외면해왔던 감정을 느껴주는 것은 엄청난 변화의 초석이 된다. 정화를 하는 것은 상당한 용기가 필요하다. 용기 있고 자존감 높은 사람만이 이 작업을 할 수 있다. 그러니 여기까지 왔다면 자신을 칭찬해줘야 한다.

2

제2 원칙 '인지'
- 억압해온 감정을 인지하라

정화를 함과 동시에 '인지' 작업도 해야 한다. 제1 원칙인 정화가 심장으로 하는 것이라면, 제2 원칙 인지는 머리로 하는 작업이다. 무의식 정화가 효과적이기 위해서는 감정 정화를 통해 일종의 깨달음, 알아차림이 이루어져야 한다. 내가 몰랐던 나에 대한 사실, 생각, 개념 등을 알게 되는 것이 바로 인지다. 무의식 중에 있었지만, 의식까지는 하지 못했던 것들을 명료화하는 것이다. 인지에서의 핵심 과제는 '비합리적인 신념 수정'이다. 비합리적인 신념은 인간이라면 누구나 갖고 있다. 이러한 신념은 종종 우리의 무의식 속에 깊이 자리 잡고 있으며, 우리 삶의 많은 측면에 영향을 미친다. 비합리적인 신념을 수정하는 것은 단순히 특정 생각을 바꾸는 것이 아니라, 우리의 내면 깊숙이 자리한 인식을 재구성하는 것이다.

"나는 항상 실패할 것이다."

"모든 사람은 나를 싫어할 것이다."

"내가 완벽하지 않으면 사랑받을 수 없다."

"나는 언제나 혼자일 것이다."

"나의 감정은 중요하지 않다."

"나는 결코 변할 수 없다."

"성공은 운이 좋아야만 가능하다."

"다른 사람들이 나를 판단하고 있다."

"행복은 항상 일시적이다."

이러한 신념은 우리의 행동, 감정, 삶의 질에 부정적인 영향을 미친다. 따라서, 이들을 인지하고 수정하는 과정이 필요하다. 아직 감이 오지 않았다면 사례를 통해서 좀 더 이해해보자.

직장에서의 실패 공포

D는 직장에서 항상 높은 성과를 내야 한다는 압박을 느끼고 있었다. 그녀는 "나는 항상 실패할 것이다."라는 비합리적인 신념을 가지고 있었고, 그 신념 때문에 새로운 프로젝트를 시작할 때마다 극도의 불안감을 느꼈다. D는 무의식 진단을 통해 자신이 항상 실패할 것이라고 생각한다는 것

을 인지하고 무의식 정화를 시작했다. 이 과정을 통해 D는 자신의 과거 성취를 되돌아보며 이 신념이 사실이 아님을 깨달았다. 돌이켜보니 오히려 그녀는 성공한 경험이 더 많은 사람이었다. 그런데도 스스로 실패자라고 생각하게 된 것은 학창 시절 대학 입시를 3년간 준비했던 탓이었다. 계속되는 낙방에 부모님의 눈치를 보기 시작했고, 세상이 그런 자신을 실패자라고 낙인찍는 것 같았다. 그녀는 삼수 시절로 시간 여행을 떠나 그때 느낀 감정들을 충분히 돌봐주는 작업을 했다. 이를 통해 "나는 실패를 통해 배우고 성장할 수 있다."라는 새로운 신념을 형성하게 되었고, 그 결과 더 자신감 있게 일에 임하게 되었다.

인간관계에서의 불안

T는 "모든 사람은 나를 싫어할 것이다."라는 신념을 가지고 있었다. 이 신념은 어린 시절 친구들에게 따돌림당한 경험에서 비롯된 것이었다. 그래서 그녀는 사람들과 가까워지는 것이 어려웠다. 내가 믿었던 사람들은 결국 나를 배신하고 나를 싫어하게 된다는 생각 때문이었다. 누군가에게 곁을 주면 그 사람이 뒤에서 나를 험담하고 공격할 것 같은 느낌이 반복적으로 들었다. 이런 불안 때문에 그녀는 대학 생활에서도, 직장 생활에서도 늘 혼자라는 느낌을 받았다. 남들은 다 잘 사는데 나만 홀로 외딴 우주에 있는 듯했다. T도 마찬가지로 정화를 통해 학창 시절 따돌림을 당했던 기억을 끄집어냈다. 억울한 누명을 썼는데 아무도 도와주지 않아 슬프

고 외로웠다. 그 감정을 어른이 된 T가 어루만져주었다. 이어서 인지 작업을 통해 이 신념을 재검토했다. 정말로 모든 사람이 그녀를 싫어하는 것일까? 그녀의 곁에는 그녀를 좋아하고 인정해주는 사람들도 있었다. 그녀는 혼자가 아니었다. T는 현재 인간관계에서의 긍정적인 경험을 떠올리며 이 신념이 더 이상 유효하지 않음을 인식했다. "사람들은 나를 있는 그대로 받아들일 수 있다."는 새로운 신념을 가지게 되면서, 사람들과의 관계에서 더 개방적이고 자신감 있게 행동하게 되었다.

나를 지치게 만드는 완벽주의

B는 "내가 완벽하지 않으면 사랑받을 수 없다."는 신념을 가지고 있었다. 이 신념은 그녀가 자신을 과도하게 압박하게 만들었고, 끊임없이 자신을 비난하게 만들었다. 그녀는 모든 일을 척척 잘해냈다. 주변 사람들도 그녀를 늘 칭찬했다. 그녀는 그렇게 사람들에게 인정받는 것이 좋았다. 하지만 때때로 스스로를 과하게 압박하고 몰아붙였다. 업무 과다로 피곤해서 건강에 이상 신호가 와도 그녀는 일을 계속했다. 그러다가 몸에 병이 났다. 그런데도 직장은 그녀에게 휴식을 권하기는커녕 빠르게 회복하고 돌아오라고 했다. B는 화가 나고 허무했다. 그렇게 열심히 일해왔는데 자신에게 돌아오는 것은 나빠진 건강이었다. 계속 이런 식으로 살다가는 더 괴로워질 것 같다고 느낀 B는 변화해야겠다고 마음먹고 무의식 정화를 시작했다. B는 자신에게 내가 완벽하지 않으면 사랑받을 수 없다고 생각

하는 인지적 오류가 있음을 알아차렸다. 그리고 자신의 친구들과 가족들이 그녀의 불완전함을 포함해 그녀를 사랑한다는 사실을 깨달았다. 그녀는 "나는 불완전해도 사랑받을 가치가 있다."라는 새로운 신념을 채택하게 되었고, 그녀는 더 이상 직장의 노예로 살아가지 않는다. 직장보다는 자기 자신을 최우선순위에 두고 일과 삶의 밸런스를 맞추기 시작했다.

인지 작업의 중요성

인지 작업을 통해 우리는 우리의 내면을 더 깊이 이해하고, 그에 따라 더 건강하고 행복한 삶을 살아갈 수 있다. 무의식 속에 숨겨진 비합리적인 신념을 인식하고 수정함으로써, 우리는 더 나은 결정을 내리고, 더 나은 관계를 형성하며, 더 큰 성취를 이룰 수 있다. 이는 궁극적으로 우리의 삶의 질을 향상하는 데 큰 도움이 된다. 무의식 정화 과정에서 인지는 필수적인 요소다. 인지를 통해 우리는 자신에 대해 더 깊이 이해하고, 우리의 행동과 감정을 더 잘 관리할 수 있게 된다. 이 과정은 어렵고 시간이 걸릴 수 있지만, 그 결과는 우리의 삶에 긍정적인 변화를 가져올 것이다. 그러므로, 무의식 정화의 여정을 시작할 때, 인지 작업을 병행하는 것이 중요하다. 이는 우리가 더 나은 삶을 살아갈 수 있도록 도와줄 것이다.

3

　제3 원칙이 사실은 무의식 정화의 꽃이다. 수용을 할 때는 넓은 아량이 필요하다. 내가 부모가 되었다는 마음으로 나를 품어야 한다. 지금까지 우리가 힘들었던 이유는 하나다. 우리의 마음 안에 상처받은 어린아이가 울고 있었기 때문이다. 그 아이는 오랜 시간을 돌봐주는 사람도 없이 혼자서 견뎌왔다. 힘들다고, 외롭다고, 슬프다고 외쳐도 당신은 아이의 말을 들어주지 않고 외면해왔다. 그렇게 오랫동안 아파했던 아이는 계속 방치되면서 흑화하기 시작했다. 내면의 순수했던 아이는 점점 사라지고 세상을 믿지 못하고, 불평불만을 늘어놓고, 남과 나를 깎아내리고, 비난하고 공격하는 괴물이 된 것이다. 분석심리학의 창시자인 칼 융은 "인간은 누구나 내면의 혼돈, 그 안에 사는 괴물과 싸워야 한다."라고 말했다. 우리는 이렇게 괴물을 키워왔다.

　이제 그 괴물을 없앨 시간이다. 그 괴물도 이 시간을 기다려왔을 것이다. 괴물을 없애는 방법은 하나다. 수용하는 것이다. 괴물 속에 있는 아이를 있는 힘껏 안아주어야 한다. 이 아이가 그동안 느꼈을 감정들을 있는 그대로 인정하고 수용해주자. '너 왜 그랬니?'가 아니라 '그랬구나. 많이 힘들었겠다.'라고 해야 한다. 이렇게 부드럽게 다가가야만 괴물이 허물을 벗고 그 안에 숨어 있던 아이가 나온다. 이 아이는 매우 고귀한 존재다. 이 아이는 평생을 나와 함께해왔으며 누구보다 나를 잘 아는 사람이다. 그런 아이에게 어른이 된 내가 사랑을 부어줘야 한다. 아이가 정말로 듣고 싶었던 말은 사실은 내가 너를 사랑한다는 말이다. 원래는 이 말을 부모에게 듣고 싶었고, 부모의 행동을 통해 자신이 정말로 사랑받는 존재라는 것을 느끼고 싶었다.

상처받은 아이와의 대화

상처받은 아이와 대화를 나누는 과정은 매우 섬세하고 조심스럽게 이루어져야 한다. 아이는 오랜 시간 방치되고 외면당했기 때문에 처음에는 마음의 문을 열기 어려울 수 있다. 그러나 끈기 있게, 사랑과 이해로 다가가면 아이는 조금씩 마음을 열기 시작할 것이다.

[대화의 예시]

아이에게 다가가기

"많이 힘들었겠구나. 혼자서 견디느라 정말 고생했어."

감정 인정하기

"네가 슬프고 외로웠던 그 마음을 이제 알겠어. 정말 미안해."

위로와 사랑 전하기

"이제 내가 여기 있어. 널 이해하고, 사랑해. 너는 소중한 존재야."

이 아이는 단순한 어린아이가 아니다. 이 아이는 우리의 가장 깊은 내면을 알고 있으며, 우리에게 진정한 사랑과 치유를 가져다줄 수 있는 존재다. 아이를 받아들이고 사랑함으로써 우리는 진정한 자기 수용을 이루게 된다. 이는 우리의 내면을 치유하고, 더 나아가 우리 삶 전반에 긍정적인 변화를 일으킬 것이다.

무의식 정화의 세 번째 원칙인 수용은 우리 내면의 상처받은 아이를 인정하고 사랑하는 것이다. 아이에게 따뜻한 마음으로 다가가 그동안의 고통을 인정하고 이해해줌으로써, 내면의 괴물을 없애고 진정한 자기 수용을 이룰 수 있다. 이를 통해 우리는 더 건강하고 행복한 삶을 살아갈 수 있으며, 우리 자신과 주변 사람들에게도 긍정적인 영향을 미칠 수 있다. 그러므로, 무의식 정화의 여정에서 수용의 원칙을 실천하는 것이 중요하다. 이는 우리 자신에게 더 큰 사랑과 이해를 주는 과정이며, 궁극적으로 우리 삶에 평화와 조화를 가져다줄 것이다.

3장

인생을 바꾸는
무의식 정화 7단계

앞서 소개한 3원칙만으로도 무의식 정화가 가능하다. 그러나 초심자들에게는 더욱 구체적인 가이드라인이 필요하다고 생각된다. 초심자를 위해서 곧바로 따라 할 수 있도록 7단계 가이드라인을 제시하고자 한다. 무의식 정화 7단계 작업을 하기 전에 미리 준비해야 할 것을 먼저 소개하겠다.

충분한 시간

우선 시간이 충분히 확보되어야 한다. 뒤에 일정이 있다면 취소하거나 일정이 없는 날에 하는 것을 추천한다. 제한 시간 안에 빠르게 끝내야 한다는 압박감이 무의식 정화를 방해할 수 있다. 최소 1시간에서 최대 3시간 정도는 확보해두는 것이 좋다. 적정한 시간은 2시간이지만, 초심자는 몰입해서 한다면 30분 정도로도 효과를 볼 수 있다. 사실 무의식 정화는 1분 안에도 가능하다. 그러나 초심자에게 추천하지 않는다. 여러분이 무의식 정화를 자주 하고, 레벨이 올라가면 나중에는 잠시 차를 타고 이동하다가 눈을 감고도 할 수 있게 된다. 이 방법은 평생 써먹는 방법이며, 한번 체득하게 되면 여러분이 앞으로 감정을 조절하지 못해서 삶이 괴로워지는 일은 없을 것이다. 감정을 조절하면 인생을 굉장히 쉽게 살 수 있다.

편안한 장소

여러분이 가장 안전하다고 느끼는 장소에서 하는 것이 좋다. 책상과 의자가 있어야 한다. 글을 쓰는 형식으로 진행할 것이기 때문이다. 편안하게 집중할 수 있는 장소를 선택하자. 웬만하면 집에서 하는 것을 추천한다. 사람들이 많이 지나다니는 카페나 공공장소는 좋지 않다. 몰입에 방해가 된다. 집에서 하더라도 가족이 방해해서는 안 된다. 가족과 함께 사는 사람이라면, 집에 가족이 없을 때 하는 것이 가장 좋다.

준비물

노트와 펜, 휴지를 가져오자. 이 작업은 손으로 해야 한다. 노트북으로 타자를 치는 것은 좋지 않다. 반드시 노트에 손으로 글을 써야 한다. 그리고 높은 확률로 눈물이 나올 것이기 때문에 휴지도 미리 준비하면 좋다. 준비되었으면 이제 시작해보자.

1

1단계 인생의 트라우마 찾기

정화를 하기 위해서는 정화의 '대상'이 필요하다. 무엇을 정화할지를 정해야 하는 것이다. 부정적인 감정이 잔뜩 묻어 있는 기억을 찾아야 한다. 보통 성인 기준 이런 기억을 100~200개 정도 가지고 있다. 200개를 다 정화하면 좋겠지만, 그중 가장 뿌리가 굵은 핵심 기억을 10개 정도만 정화해도 효과는 엄청나다. 뿌리가 굵은 핵심 기억을 찾아야 한다. 뿌리가 굵은 핵심 기억의 특징은 다음과 같다.

뿌리가 굵은 핵심 기억 '트라우마'의 특징

잘 기억이 나지 않으며, 느낌만 남아 있다.

생각하고 싶지 않다는 느낌이 든다.

별로 떠올리고 싶지 않다.

주로 유년시절에서 10대 학창 시절에 발생한다.

주로 부모 또는 가족과 관련이 있다.

부모에 대한 핵심 감정을 만들어낸 기억이다.

트라우마는 바로 떠오르지 않는 경우가 많다. 그래서 우리는 현재의 문제에 먼저 집중해야 한다. 현재에서 여러분을 반복적으로 괴롭게 하는 감정, 상황, 생각이 무엇인지를 먼저 적어보자. 아래 예시를 참고해보자.

− 반복되는 불안감

중요한 일을 앞두고 느끼는 극도의 불안감, 아무 이유 없이 찾아오는 불안한 감정.

− 관계의 어려움

친구, 가족, 연인 등 가까운 사람들과의 끊임없는 갈등과 오해.

− 자기 비하

자신을 끊임없이 비난하고 깎아내리는 생각, "나는 부족하다.", "나는 할 수 없다."라는 생각.

− 완벽주의

모든 일을 완벽하게 해내야 한다는 압박감, 작은 실수도 용납하지 못하는 강박.

− 과거의 후회

과거의 실수나 잘못에 대한 끊임없는 후회와 자책, "그때 그렇게 하지 않았더라면…"이라는 생각.

– 미래에 대한 걱정

앞으로 다가올 일에 대한 과도한 걱정과 두려움, "앞으로 어떻게 될까?"라는 불안감.

– 정체성 혼란

내가 누구인지, 무엇을 원하는지에 대한 혼란과 의문.

– 경제적 스트레스

경제적인 문제로 인한 지속적인 스트레스와 불안감.

– 직장 내 갈등

직장에서의 상사나 동료와의 갈등, 직무 스트레스.

– 건강 문제

건강에 대한 과도한 걱정과 실제 건강 문제로 인한 스트레스.

나를 가장 자주, 힘들게 하는 것을 하나 골라보자. 골랐다면 노트에 다음 질문을 쓴다.

"이전에도 비슷한 감정을 느낀 적이 있는가?"

그리고 잠시 눈을 감고 집중한다. 가장 먼저 강렬하게 떠오르는 기억을 채택한다. 채택했다면 위에서 언급한 트라우마의 특징 중 3개 이상 해당이 된다면 정화 작업의 대상으로 채택해도 된다.

2

2단계 진짜 나를 마주하라, 노필터 글쓰기

우리가 정화를 할 기억이 정해졌다. 그렇다면 본격적으로 해체할 시간이다. 이 단계에서 당신은 정말 솔직해져야 한다. 이 순간만큼은 그 어떤 사람의 눈치도 봐서는 안 된다. 당신은 매우 안전하고 편안한 공간에 있으며 누구도 당신을 해칠 수 없다. 내가 느꼈던 모든 생각과 감정을 쏟아내도 괜찮다.

우선 가장 먼저, 트라우마 장면을 최대한 구체적으로 묘사한다. 아래의 질문을 참고해도 좋다.

When 내가 몇 살 때였는지?

Where 어떤 장소였는지?

Who 그 장면에는 누가 있는지?

What 무슨 일이 일어나고 있는지?

Why 왜 그런 일이 일어났는지?

How? 어떻게 상황이 전개되었는지?

이렇게 구체적으로 장면을 묘사하는 목적은 '몰입'하기 위해서이다. 우리는 이미 시간 여행을 시작했다. 과거가 현재처럼 생생하게 느껴지게 하기 위해서는 무대가 준비되어야 한다. 무대를 생생하고 섬세하게 꾸미는 만큼 시간 여행에 오롯이 집중할 수 있다. 6가지 질문을 통해서 과거의 기억을 생생하게 되살려 내보자. 이 작업을 통해서 여러분은 과거의 '나'에게 연결될 것이며 마치 그 일이 지금 일어나고 있는 것처럼 생생하게 느껴질 것이다.

장면 묘사가 끝났다면 이제 여러분의 생각과 감정을 마구 쏟아낼 차례다. 이 장면에서 내가 했던 생각이 무엇인지, 느껴지는 감정은 어떤 것인지를 떠올리면서 종이에 써 내려간다. 문법과 맞춤법이 틀려도 괜찮다. 이때 몰입을 제대로 하면 엄청나게 많은 양의 감정과 생각이 밀려와서 손으로 그 속도를 따라가기 힘들 수도 있다. 조급해할 필요 없다. 천천히 써 내려가면 된다. 놓치는 생각이 있어도 괜찮다. 몰입해서 빠르게 써 내려가고 싶다면 그렇게 해도 좋다.

3

3단계 온전한 내가 되는 지름길,
감정 정화

1~2단계 작업을 제대로 했다면 이미 눈물이 당신의 볼을 적시고도 남았을 것이다. 눈물은 감정이 실재한다는 증거다. 당신이 아팠다는 흉터다. 이때 느껴지는 그 감정을 눈을 감고 충분히 느껴야 한다. 감정 정화의 원리는 간단하다. 느껴주면 된다. 감정은 느껴주면 사라진다. 그것이 감정을 해소하는 단 한 가지 방법이다. 그 외에 다른 방법은 없다. 온 우주를 뒤져봐도 이것 말고는 방법이 없을 것이다. 눈물이 쏟아진다면 그 순간에 집중하자. 다른 것은 생각할 필요가 없다. 오롯이 나에게 집중하면 된다. 그 힘든 순간을 홀로 견뎌낸 어린 나의 목소리에 집중해주자. 정말 아팠겠구나. 정말 힘들었구나. 내가 그동안 너를 외면했구나.

눈을 감고 깊이 숨을 쉬며, 마음속 깊이 잠재된 감정들을 느껴보자. 차가운 바람처럼 서늘한 고독감, 가슴을 찢어놓을 듯한 슬픔, 더 이상 참을 수 없을 만큼의 분노와 좌절. 이 모든 감정이 당신의 내면에 있었음을 인정하자. 그 감정들이 얼마나 오랫동안 당신의 마음속에 고여 있었는지를 생각해보자.

감정 정화의 순간, 마치 오래된 친구를 만나듯 어린 나와 대화를 나누자. "정말 많이 아팠겠구나. 이렇게 힘들어하면서도 누구에게도 말하지 못했구나."라고 다정하게 이야기해주자. "내가 너를 이해해. 네가 느낀 모든 감정을 내가 이제야 알아챘어. 그동안 얼마나 힘들었을까."라고 말해주자. 이 대화는 단순한 말이 아니라, 당신의 마음 깊은 곳에서 울려 퍼지는 진심 어린 위로와 공감이다.

감정은 느껴주면 사라진다. 눈물이 흐르는 그 순간, 당신은 자신을 치유하는 과정에 있다. 슬픔과 고통이 물결처럼 밀려오더라도 그 감정을 있는 그대로 받아들여야 한다. "그래, 나는 이 감정을 느끼고 있어. 나는 이 감정을 느낄 자격이 있어."라고 스스로에게 말해주자. 감정을 억누르지 말고, 그 흐름을 따라가라. 눈물이 흘러내릴 때, 그것은 당신의 마음이 더 이상 그 고통을 홀로 짊어지지 않겠다는 표시다.

4

4단계 감정이 아닌 이성을 써라,
왓칭 글쓰기

정화의 시간을 충분히 가진 뒤에 4단계로 넘어오는 것이 좋다. 어설프게 정화하지 말고 이왕 집중한 김에 내면 아이의 한이 풀어질 때까지 쏟아내고 오시길. 이런 시간은 쉽게 오지 않는다. 감정 정화를 하게 된 것은 엄청난 행운이다. 대한민국에서 감정 정화를 제대로 할 수 있는 사람은 10% 미만이다. 그러니 충분한 시간을 가지기 바란다.

조금 진정이 되었다면 4단계를 진행한다. 이 단계는 감정이 아닌 이성을 쓰는 단계이다. 내가 제3자가 되어서 마치 그 상황을 옆에서 바라보듯이 '왓칭'하는 것이다. 왓칭 글쓰기의 목적은 몰랐던 사실을 깨닫기 위함이다.

첫 번째로, 그동안 나를 괴롭혀왔던 감정에 이름을 붙여준다. 감정은 저마다 이름을 가지고 있다. 그러나 우리는 그동안 이름도 불러주지 않고, 무의식 속에 이 감정들을 처박아뒀다. 이름을 불러주면 감정은 고요해진다. '응, 나 불렀어?' 하면서 나에게 집중한다. 감정은 에너지다. 에너지는 생명체와 거의 같은 특성이 있다. 그냥 하나의 생명체라고 생각하면 쉽다. 우리가 감정을 등한시하고 외면하면 안 되는 이유가 바로 이것이다. 감정에 꼭 맞는 이름을 찾아 불러주자. 아래의 감정 목록을 참고하면 좋다.

[감정 목록]

슬픔, 기쁨, 분노, 두려움, 외로움, 좌절, 불안, 사랑, 혐오, 경멸, 질투, 놀람, 안도, 절망, 행복, 희망, 죄책감, 수치심, 자부심, 열망, 흥분, 고마움, 혼란, 실망, 피로, 환희, 무력감, 동경, 후회, 짜증, 연민, 우울, 공포, 초조함, 감동, 민망함, 기대감, 신뢰, 애정, 원망, 만족, 배신감, 가책, 평온함, 자책, 의심, 감격, 부끄러움, 경이로움, 의기소침, 억울함, 애틋함, 열등감, 권태, 부러움, 상실감, 증오, 쓸쓸함, 동정, 갈망, 황홀, 안심, 분개, 불만, 불신, 불쾌감, 부담, 편안함, 자신감, 충격, 침착, 긴장, 당혹감, 희미함, 설렘, 낯섦, 경각심, 절제, 위로, 충족감, 속상함, 경계, 안정감, 걱정, 자랑스러움

5

5단계 나를 괴롭혀온
비합리적인 신념 수정

감정에 이름을 붙여주었다면 이제 그 감정으로 인해 내가 형성한 비합리적인 신념이 무엇인지를 찾아낼 단계다. 감정은 제대로 해소해주지 않으면 우리에게 색안경을 씌워버린다. 원망의 감정은 원망의 시선으로 부모를 바라보게 만들고, 불안의 감정은 불안의 시선으로 세상을 바라보게 만드는 것이다. 감정이 씌워버린 색안경으로 인해 가지게 된 비합리적인 신념을 찾아보자.

[비합리적인 신념]

나는 항상 완벽해야만 한다.

실패하면 나는 무가치한 사람이다.

다른 사람들이 나를 어떻게 생각하는지가 내 가치의 전부다.

나는 모든 사람을 만족시켜야 한다.

문제가 생기면 나는 항상 책임이 있다.

내 감정을 드러내는 것은 약함의 표시다.

내가 원하는 것을 얻지 못하면 나는 불행해야 한다.

내 행복은 외부의 상황에 의존한다.

나의 성공은 다른 사람들의 실패에 의존한다.

나는 항상 모든 것을 통제해야 한다.

나의 가치는 내가 가진 것들에 의해 결정된다.

다른 사람들이 나에게 해를 끼쳤다면 나는 그들에게 복수해야 한다.

내가 부족하면 다른 사람들에게 실망을 안겨준다고 믿는다.

나의 과거 실수는 앞으로의 성공을 방해할 것이다.

문제를 해결하지 못하면 나는 실패한 사람이다.

내 기분이 나빠지면 세상이 나에게 불공평하다.

나의 감정은 내가 감당할 수 없는 것이다.

나는 언제나 인정받고 사랑받아야 한다.

내 의견과 느낌은 무시해도 좋다.

나의 가치와 능력은 내가 이룬 업적에 의해서만 결정된다.

다른 사람들이 나를 이해하지 못하면 나는 가치가 없다.

나는 모든 것을 스스로 해결해야만 한다.

내가 원하는 것을 얻지 못하면 나는 실패한 인생을 살고 있는 것이다.

내 의견이 항상 옳아야 한다.

내 불행은 다른 사람의 책임이다.

나는 내 감정을 항상 감추어야 한다.

내가 원하는 만큼 노력하지 않으면 나는 충분히 노력하지 않은 것이다.

내가 겪는 고통은 나만의 문제다.

나의 가치는 다른 사람들의 인정과 칭찬에 달려 있다.

모든 일이 계획대로 진행되지 않으면 나는 혼란스럽다.

감정의 색안경으로 인해 내가 가지게 된 비합리적인 신념을 종이에 쓰고, 문장을 변형시켜본다. 원래 문장에 반대되는 문장을 적어보는 것이다.

'내 의견이 항상 옳아야 한다.' → '내 의견이 옳지 않을 수도 있어.'

'나는 완벽해야 해.' → '완벽하지 않아도 괜찮아.'

'내 불행은 전부 가족 때문이다.' → '내가 불행하기로 선택했구나.'

이렇게 상반된 문장을 적으면서 수정된 올바른 신념을 만들어갈 수가 있다. 그리고 새로운 문장을 스스로에게 되뇐다.

6단계 얼어붙은 아이를 만나는 시간,
화해 글쓰기

이제 거의 다 왔다. 마지막 화해 글쓰기를 통해 내 안의 분열된 자아를 화해시키고 통합할 수 있다. 채찍만으로는 나그네의 옷을 벗길 수 없다. 진정한 변화를 끌어내는 것은 따뜻한 햇볕임을 기억하라.

화해 글쓰기에서 중요한 것은 내면 아이의 말에 귀를 기울이는 것이다. 이 아이의 마음에 접속해서 감정을 헤아려주어야 한다. 어떤 감정을 느꼈고, 그래서 어떤 생각을 했는지를 듣고 위로해주어야 한다. 이 작업을 글로 진행한다. 아이와 '대화'하듯이 글을 써 내려가라.

"이제 나는 너를 외면하지 않을 거야. 너의 감정을 느끼고, 이해하고, 사랑할 거야. 너무 힘들었겠구나. 언제나 외면당하고, 상처받고, 이해받지 못한 채로 고통스러운 시간을 보냈던 것 같아. 그동안 내가 너를 보지 않았던 것 같아. 미안해. 지금 나는 너의 감정을 느끼고 이해하고 있어. 너의 감정을 무시하지 않을 거야.

나는 이제 너와 화해했어. 네가 겪었던 모든 감정과 경험이 나의 일부로 받아들여질 거야. 너의 상처와 고통, 그리고 기쁨도 모두 나와 함께할 거야. 우리가 함께 성장하고, 앞으로 나아갈 수 있기를 바라. 너를 사랑하고, 이해하고, 지지할 거야. 항상 너의 곁에 있을게. 너의 모든 감정을 소중히 여기고, 이해할 거야."

아이가 가장 듣고 싶었던 말을 찾아 진심으로 해주자. 너는 세상에서 가장 소중하고 특별한 존재이며, 사랑받아 마땅하다. 나는 너를 많이 사랑하고, 앞으로도 사랑할 것이다. 아마도 아이는 이런 말을 듣고 싶었을 것이다. 그리고 그 말에 정말로 아이를 사랑하는 마음을 담아 전달해야 한다. 그 사랑에 얼어붙었던 마음이 녹기 시작한다. 묵은 감정들이 정화되고, 아팠던 상처들에 새살이 돋게 된다.

이렇게 자신의 감정을 충분히 느끼고 받아들이는 과정에서, 우리는 진정한 치유와 평화를 찾을 수 있다. 감정을 느끼고, 받아들이고, 해소하는 과정에서 우리는 비로소 자신의 진정한 모습을 마주할 수 있다. 그동안 억눌렀던 감정들이 해소되면서 우리는 더 가벼워지고, 더 자유로워질 것이다. 자기 내면을 깊이 들여다보고, 그 안에 있는 감정들을 있는 그대로 받아들이자. 그럴 때 비로소 우리는 진정한 자기 수용과 치유를 경험하게 될 것이다.

7

7단계 뿌리 깊은 자존감을 만드는 일상 훈련

6단계까지 마쳤다면 아주 훌륭하다. 자리를 박차고 일어나 박수를 쳐주고 싶다. 스스로에게 셀프 박수를 쳐주고 쓰담쓰담 칭찬을 해주자. 여기서 더 나아가 무의식 정화를 삶으로 연결하고 싶다면 7단계 일상 훈련이 필요하다.

무의식 정화 훈련을 반복할수록 내면이 성숙해지고, 메타 인지력이 높아지는 것을 느끼게 된다. 그리고 나를 괴롭혀왔던 감정이 해소되면서 세상을 바라보는 시각도 완전히 달라지는 것을 느끼게 된다. 이다음에 중요한 것이 바로 일상 훈련이다. 21세기의 우리는 하루를 살아가는 동안 수많은 자극을 받는다. 무난하게 지나가는 하루도 있지만 어느 날은 세상이 나를 가만두지 않는다는 생각이 들기도 한다.

이럴 때 활용할 수 있는 일상 훈련법이 있다. 감정의 수렁에 빠지지 않고 마음을 건강하게 키워가는 방법이다. 지금부터 알려줄 일상 훈련법을 해야 하는 때가 따로 있다. 이 훈련법은 마음이 평화로울 때 하는 것이 아니다. 어떠한 인물, 사건, 상황으로 인해 나의 감정이 동요할 때 해야 한다. 편의상 이를 '트리거'라고 칭하겠다. 예를 들어, 직장에서 상사가 나에게만 업무를 과다하게 넘긴다거나, 내 친구가 교묘하게 나를 깎아내리는 말을 했다거나, 부모님이 나에게 상처가 되는 말을 무심하게 했다거나 등이 '트리거'가 될 수 있다. 이 트리거들로 인해 '부정적인 감정' 스위치가 눌렸을 때 해야 하는 훈련이다. 이 훈련을 하면 감정 스위치를 성공적으로 끌 수 있다.

1. 나의 감정 알아차리기

반드시 기억해야 하는 사실은, 감정은 언제나 이성을 이긴다는 것이다. 나의 감정을 알아차리는 것이 우선되어야 한다. 감정을 인지하지 못하면 이성으로 아무리 이해해도 해소가 되지 않는다. 오히려 스트레스를 받고 자책만 하게 될 확률이 크다. '트리거'로 인해 눌리게 된 나의 감정 스위치가 뭘까? 무슨 감정일까? 생각해보자. 감정을 인지하는 것이 어렵다면 251쪽의 감정 목록을 참고하자.

2. 순위 매기기

감정을 알아차렸다면 그중 가장 나에게 영향을 많이 주고 있는 감정을 찾는다. 트리거로 인해 활성화되는 감정 스위치는 한 개가 아니라 여러 개인 경우가 많다. 감정이 여럿일 때는 순위를 매겨야 한다. 1부터 10까지 각 감정에 점수를 매겨보자. '불안함은 9점, 짜증은 7점, 외로움이 3점이구나.' 이런 식으로 내가 느낀 감정에 순위를 매기고, 1순위를 찾아야 한다.

3. 이유 찾기

모든 감정에는 이유가 있다. 우리가 그 이유를 자각하지 못할 뿐이다. 심플하게 질문을 던져보자. '왜 그 감정이 느껴졌을까? 왜 이 트리거로 인해 내가 불안이라는 감정을 느꼈지? 어떤 생각이 들어서?' 이 질문을 통해 알아차릴 수 있는 것은 감정이 만들어낸 생각이다. 감정은 늘 생각을 데리고 다닌다. 그 생각 뒤에 숨어 생각의 방향을 조종한다. 감정이 데리고 다니는 생각을 먼저 찾아보자. 짜증 난다면 왜 짜증이 나는지, 화가 났다면 왜 화가 났는지 심플하게 자문자답하면 된다.

4. 자각하기

한 가지 비밀이 있다. 모든 감정은 내가 '선택'한 것이다. 그 사람이 나를 화나게 한 것이 아니다. 상황이 나를 짜증 나게 하는 것이 아니다. 내가 그 사람한테 화를 내기로 선택한 것이며 그 상황에서 짜증을 느끼기로 선택한 것이다. 모든 감정은 내가 선택한 것이다. 나의 무의식에 있는 어떠한 욕망으로 인해 감정을 선택하게 된다.

'나는 어디서든 내가 주목을 받고 싶어. 더 관심받고 싶어.' 하는 욕망이 있는 사람은 자신보다 더 주목을 받는 사람이 나타나면 편도체가 활성화되면서 감정을 느끼기 시작한다. 위기감, 불안, 미움, 질투, 부러움 등의 감정이 활성화되지만 이 사실을 자각하지 못한다. 그래서 죄 없는 상대방에게 덮어씌운다. '쟤가 재수 없는 거야. 혼자 엄청 나대잖아.' 이런 식으로 말이다.

또 '나는 내 능력을 인정받고 싶어.' 하는 욕망이 있는 사람이 직장에서 상사에게 일에 대한 지적을 받으면 편도체가 활성화되면서 감정을 느끼기 시작한다. 불안함, 죄책감, 억울함, 서러움 등의 감정이 활성화되지만 이 사실을 자각하지 못한다. 그래서 상대방에게 또 덮어씌운다. '네가 뭘 알아. 나는 정말 열심히 했는데 왜 아무도 알아주지 않는 거야.' 이런 식으로 말이다.

그러나 자신의 욕망과 감정을 잘 인지하고 있는 사람은 올바른 해석을 할 수 있다. '아, 내가 인정받고 싶은 마음이 정말 컸구나. 그래서 저 사람한테 억울하다는 감정이 올라왔구나. 내가 정말 잘하고 싶었구나.' 이것이 올바르고 건강한 해석이다. 이렇게 감정을 인지하고 해석하는 훈련을 일상에서 해야 한다. 이 정도의 훈련을 하기 위해서는 기본적으로 반드시 무의식 정화가 선행되어야 한다.

여기까지 이 책에서 제시한 가이드대로 작은 실천들을 해왔다면, 이미 감정이 해소되고 생각이 변하는 것을 체감하고 있을 것이다. 변화를 선택한 당신에게 격려와 응원을 보낸다.

무의식 정화는 오롯이 '나'를 위해 하는 일이다. 내가 살아온 역사를 배우고, 나라는 사람이 어떻게 만들어졌는지 이해하고, 수용하는 일이다. 나에 대해 잘 알고 이해할수록 세상의 본질에 가까워질 수 있다. 결국 나와 우주는 하나이기 때문이다. 우주의 모든 것은 연결되어 있다.

에필로그

　만약 당신이 이 글을 읽고 있다면, 먼저 박수를 보내고 싶다. 책을 완독한 것도 모자라 에필로그까지 읽다니! 끈기가 대단한 사람이다. 그런 당신을 위해 에필로그에 특별한 선물을 숨겨두었다.

　클레오부트라가 전하고자 하는 핵심 가치는 3가지이다. 첫 번째는 '용기'다. 내 인생에 있어 용기는 굉장히 중요한 키워드다. 새로운 일을 하기 위해 나는 늘 용기가 필요했다. 내게 늘 용기를 준 것은 나를 믿어주는 내 안의 작은 목소리들이었다. 우리의 내면에는 2개의 목소리가 있다. 하나는 '너는 할 수 있어.'라고 말하는 용기의 목소리이고 다른 하나는 '과연 내가 할 수 있을까?'라고 의심하는 불안의 목소리이다. 대부분의 사람은 불안의 목소리에 영향을 크게 받는다. 그러나 이 책을 읽은 여러분은 용기의 목소리를 키워가기를 바란다. 부의식 칼리지에서는 내면 아이 무의식 정화를 통해 용기의 목소리를 강화한다. 내면에 쌓인 부정적인 감정을 정화할수록 나를 방해하는 불안의 목소리가 줄어든다.

두 번째는 '연대'다. 우리를 성장하게 하는 것은 '우리'다. 함께 가면 혼자 갈 때보다 멀리 갈 수 있으며 더 빠르고 탄탄하게 성장할 수 있다. 환경 설정의 힘은 어마어마하다. 내가 고꾸라지고 흔들릴 때 나를 잡아주는 환경이 있어야 한다. 이 환경에서 우리는 연대해야 한다. 연대란 연결되어 함께하는 것이다. 여자로 태어난 우리가 폭발적인 성장을 하기 위해서는 반드시 연대해야 한다. 소통하면서 세계관을 확장시켜야 한다. 연대 정신에 기초하여 만든 것이 바로 액션북클럽이다. 액션북클럽에 참여한 회원들은 하나같이 이렇게 말한다. 액션북클럽을 알게 된 것은 '행운'이라고 말이다. 만족도 99%이며 10명 중 7명은 재참여를 희망한다. 액션북클럽에서는 진정한 '연대'와 '성장'을 경험할 수 있다.

세 번째는 '감사'이다. 우리가 살아가는 이 현대에서 감사의 가치는 점점 작아지고 있다. 지금 이 세상은 너무나 풍요롭고 모든 것이 넘쳐난다. 그래서 감사할 줄을 모르게 된다. 너무 당연한 것들이기 때문이다. 하지만 감사는 부를 부르는 강력한 에너지다. 부의식의 핵심이 바로 감사다. 내가 받은 것들에 대한 감사와 앞으로 받을 것들에 대한 감사는 부를 끌어당긴다. 부가 우리의 인생에 더 빠르게 등장하도록 만들어준다. 그러나 감사는 다른 감정들보다 고차원에 있는 감정이다. 정말로 감사를 하기 위해서는 먼저 무의식을 정화하고 부의식을 설치하는 훈련이 필요하다. 부의식 수업에서 주로 다루는 내용이 바로 이것이다. 내가 가지고 있는 가난한 무의식을 인지하고 정화한 뒤 깨끗한 부의식을 새로 설치해 나간다. 이 훈련을 반복하면 에너지 레벨이 높아지게 된다.

용기, 연대, 감사. 클레오부트라가 진행하는 모든 교육과 활동은 이 3가지 핵심 가치에 뿌리를 두고 있다. 그리고 핵심 정신은 오병이어다. 오병이어는 성경에 등장하는 이야기로 예수님이 빵 다섯 개와 물고기 두 마리로 5천 명을 먹이셨다는 기적 설화다. 오병이어는 나눔과 기빙을 통한 압도적인 성장을 의미한다. 나는 예수님처럼 5천 명을 먹이는 사람이 되고 싶었고, 또 그런 사람을 기르고자 한다. 오병이어가 또 다른 오병이어를 부르는 선순환을 꿈꾼다. 그런 의미에서 여기까지 글을 읽은 당신에게 몇 가지 선물을 주겠다. 아래의 QR코드에 선물을 숨겨두었다. 이 나눔을 통해 폭발적인 성장을 경험하고, 이를 또 나눌 수 있는 사람이 되기를 바란다.

당신은 특별하고 가치가 높은 사람이다. 원하는 모든 것을 이루고 가질 수 있으며, 행복을 누리기 위해 태어난 존재임을 기억하라.